수학을 못하는 아이는 없다

김리나 지음

수학 학습에 어려움을 겪는 아이들을 돕고자 하는 선생님
초·중·고등학교 자녀를 둔 학부모님을 위한 책!

저자 **김 리 나**

· 학 력

- 서울교육대학교 학사, 석사
- Boston College 박사 (Ph.d., Curriculum and Instruction: Mathematics Education)
- 서울교육대학교 겸직교수

· 저 서

- 약수와 배수의 이해: 나누어떨어지는 수, 곱절로 얻어지는 수(2011), 성우
- 어림하기: 올리거나 버리거나 혹은 반올림하기(2011), 성우
- 십대를 위한 맛있는 수학사 1,2 (2012), 휴머니스트
- 초등수학, 어떻게 가르치지? (2016), 경문사
- Reading, Writing, and Discussing at the Graduate Level: A Guidebook for International Students, (2014), University Press of America
- Mathematics Teaching and Learning: South Korean Elementary Teachers' Mathematical Knowledge for Teaching, (2015), Springer

수학을 못하는 아이는 없다

초판인쇄	2019년 3월 31일
초판발행	2019년 3월 31일
저 자	김리나
펴 낸 곳	지오아카데미
주 소	서울 중구 퇴계로 213 일흥빌딩 408호
등 록	2016년 3월 7일 제395-2016-000014호
전 화	02)381-0706 ǀ 팩스 02)371-0706
이 메 일	emotion-books@naver.com
홈페이지	www.geobooks.co.kr

ISBN 979-11-87541-51-6
값 17,000원

이 도서의 국립중앙도서관 출판예정도서목록(CIP)은 서지정보유통지원시스템 홈페이지(http://seoji.nl.go.kr)와 국가자료공동목록시스템(http://www.nl.go.kr/kolisnet)에서 이용하실 수 있습니다. (CIP제어번호 : CIP2019006801)

이 책은 저작권법으로 보호받는 저작물입니다.
이 책의 내용을 전부 또는 일부를 무단으로 전재하거나 복제할 수 없습니다.
파본이나 잘못된 책은 바꿔드립니다.

'수학을 못하는 아이는 없다'의 구성

　아이들은 왜 수학을 어려워할까요? 복잡한 수학 공식을 힘들게 외워도, 수많은 수학 문제집을 반복적으로 풀어도 아이들의 수학 성적은 쉽게 오르지 않습니다.

　이 책은 아이들이 수학 공부를 어려워하는 이유와 그 해결 방안에 대해 소개합니다. 제 1장에서는 아이들의 수학 학습 관련 문제 증상에 대해 살펴봅니다. 아이들이 수학 공부를 힘들어 하는 이유는 다양하며 각 원인에 따라 지도 방법이 달라져야 합니다. 무조건 수학 문제를 많이 푼다고 수학을 잘 할 수는 없는 것이지요. 제 2장에서는 아이들이 수학을 어려워하는 원인에 대해 알아봅니다. 수학은 그 자체로 아이들이 이해하기 힘든 특성을 가지고 있습니다. 이러한 특성에 대해 선생님과 부모님이 충분히 이해하고 지도한다면 아이들이 보다 쉽게 수학에 다가갈 수 있을 것입니다. 제 3장에서는 수학 교육의 목표에 대해 생각해봅니다. 수학 교육의 목표는 단순히 어려운 수학 문제를 잘 푸는 데 있지 않습니다. 수학 교육의 목표를 이해하는 것은 수학 교육의 방향을 설정하는 토대가 됩니다. 제 4장에서는 수학 평가 문항에 대해 고민해봅니다. 많은 아이들이 수학 문제 풀기를 어려워한다면 수학 문제 자체를 개선하는 방법을 고민해야 합니다.

　'수학을 못하는 아이는 없다'는 수학을 어려워하는 아이들을 도울 수 있는 방법을 안내합니다. 또한 이 책에서는 왜 수학을 배워야 하는지,

수학 학습을 통해 우리가 얻고자 하는 것은 무엇인지에 대해 다양한 견해들을 소개하고 함께 생각해볼 수 있는 기회를 제공합니다.

'수학을 못하는 아이는 없다'가 필요한 독자

'수학을 못하는 아이는 없다'는 수학 학습에 어려움을 겪는 아이들을 돕고자 하는 선생님, 초·중·고등학교 자녀를 둔 학부모님을 위한 책입니다. 그러나 아이들의 문제 증상을 개선하는 것보다 중요한 것은 아이들이 어려움을 겪지 않도록 사전에 예방하는 것입니다. 따라서 수학을 지도하고자 하는 예비 교사 및 자녀들이 곧 학교에 입학하는 예비 학부모님들도 이 책을 통해 아이 및 자녀 교육에 도움을 받을 수 있습니다.

이 책의 제목은 "수학을 못하는 아이는 없다"입니다. 어려움을 겪어도 적절한 도움을 받을 수 없는 현실 속에서 아이들은 수학을 포기할 수밖에 없습니다. 아니, 포기하는 것이 당연할지도 모릅니다. 이 책을 통해 수학 학습을 포기하는 많은 아이들이 선생님과 부모님의 적절한 도움 속에서 수학 학습의 즐거움을 깨달을 수 있기를 희망합니다. 나아가 우리가 수학을 해야 하는 이유, 그리고 우리 사회가 필요로 하는 수학 교육의 모습과 목표에 대해 함께 고민할 수 있는 토론의 장이 형성되기를 기대합니다.

감사의 말

　나의 오랜 고민의 여정 속에서 언제나 든든한 버팀목이 되어주시는 어머니, 고맙습니다. 내 삶에 위안과 힘이 되는 남편과 소중한 선물 나의 딸 송하, 사랑합니다. '수학을 못하는 아이는 없다' 집필 과정을 응원하고 지지해주셨던 모든 분들에게도 감사의 인사를 올립니다.

2019년 김리나

차례

PART 1 수학 학습을 포기하려는 우리 아이, 무엇이 문제일까? ▸ 7

Chapter 1 · 수학이 무서운 아이들 ▸ 9
- 부정적 경험으로 인한 수학 불안
- 부모님의 태도로 인한 수학 불안
- 수학에 대한 선입견으로 인한 수학 불안
- 선생님으로 인한 수학 불안
- 수학을 왜 배워야 하는지 몰라서 생기는 수학 불안

Chapter 2 · 수학 시험에서 실수하는 아이들 ▸ 27
- 수학 개념을 정확히 이해하지 못해서 문제를 풀지 못하는 아이들
- 계산 실수를 반복하는 아이들

Chapter 3 · 뇌의 문제로 수학을 할 수 없는 아이들 ▸ 36

PART 2　아이들은 왜 수학을 어려워할까? ➡ 45

Chapter 1 · 생각해야 하는 수학 ➡ 47
Chapter 2 · 눈으로 볼 수 없는 수학 ➡ 54
Chapter 3 · 한 번 놓치면 따라갈 수 없는 수학 ➡ 58
Chapter 4 · 공통점을 찾아야 하는 수학 ➡ 61
Chapter 5 · 상황에 따라 달라지는 수학 ➡ 66

PART 3　수학, 왜 공부해야 하나? ➡ 75

Chapter 1 · 계산 연습, 꼭 해야 할까? ➡ 78
Chapter 2 · 수학적 논리력을 키우는 수학 ➡ 84
Chapter 3 · 수학적 창의력을 키우는 수학 ➡ 87
Chapter 4 · 수학적 정확성을 키우는 수학 ➡ 91
Chapter 5 · 목표에 따른 다양한 수학 수업 방법 ➡ 93
　　· 논리적 사고를 통해 본질을 이해하는 수업
　　· 변화의 과정을 이해하고 창조하는 수학 수업
　　· 정확한 형식으로 표현하는 수학 수업

PART 4 평가가 바뀌어야 수학 교육이 바뀐다. ↠ 105

Chapter 1 · 수학 수업과 동떨어진 평가 ↠ 107
Chapter 2 · 서열화를 위한 수학 평가, 최선일까? ↠ 108
Chapter 3 · 기계적으로 풀어야 하는 수학 평가 문제, 다른 방법은 없을까? ↠ 114

· 수학은 삶의 문제를 푸는 도구이다.
· 수학 문제는 아이들의 다양한 사고 과정 능력을 평가할 수 있어야 한다.

글을 마무리하며 / 130
참고문헌 / 132

수학을 못하는 아이는 없다

PART 1

수학 학습을 포기하려는 우리 아이, 무엇이 문제일까?

수학을 못하는 아이는 없다

들어가는 말

 방과 후에 수학 학원을 다니고 수학 과외학습까지 받는 우리 아이. 그런데 어찌된 영문인지 수학 성적이 오르지 않아요. 야단을 쳐보기도 하고, 달래보기도 하여도 아이는 도통 수학 학습에 관심이 없네요. 무엇이 문제일까요?

　수학 성적이 오르지 않는 아이, 무엇이 문제일까요? 단순히 성적이 오르지 않는 문제를 벗어나 수학 공부 자체를 거부하는 아이도 있습니다. 아이의 노력이 부족한 것인지, 수학 학원이 아이 수준에 맞지 않는 것인지 부모님들은 답답하기만 합니다.

　대부분의 부모님들이나 선생님들은 수학의 어려운 개념이나 복잡한 문제풀이를 이해하기 어려워서 아이들이 수학을 싫어한다고 생각합니다 하지만 아이들의 수학 성적이 오르지 않고 수학 공부를 하기 싫어하는 데에는 그 외에도 다양한 이유가 있습니다. 선생님이나 부모님들이 왜 수학 공부를 싫어하는지 이해하지 못하고, 노력이 부족하다며 아이들을 야단치거나 억지로 수학 공부를 시키면 아이들은 더 수학을 싫어하게 됩니다. 부모님과 아이가 함께 노력해도 아이의 수학 성적이 낮아지거나 아이가 수학 공부에 흥미를 잃어간다면 이는 부모님이 아이의 수학 학습 문제를 정확히 파악하지 못했기 때문입니다.

PART 1 수학 학습을 포기하려는 우리 아이, 무엇이 문제일까?

CHAPTER 1

수학이 무서운 아이들

아이들은 아무런 이유 없이 수학 공부를 싫어하지 않습니다. 이 장에서는 아이들의 수학 학습과 관련한 여러 문제점들을 알아봅니다. 또한 선생님과 부모님의 대처방법도 살펴봅니다. 다양한 수학 학습 문제에 대해 알고 있다면 아이들이 이러한 어려움을 겪지 않도록 예방할 수 있겠지요?

우선 수학이 무서워서 수학 학습을 싫어하는 아이들에 대해 알아봅시다. 이러한 아이들은 수학 개념과 원리를 이해하는 데에는 문제가 없습니다. 수학에 대한 두려움 때문에 수학 수업 시간, 수학 시험 시간에 자기의 실력을 제대로 발휘하지 못하는 것뿐입니다. 일반적으로 많이 긴장했을 때 머릿속이 하얘진다고 이야기하지요. 수학이 무서운 아이들은 수학 수업 시간이나 시험 시간에 심하게 긴장해서 머릿속이 하얘져 문제를 풀지 못합니다. 어른들이 취직 시험, 운전면허 시험과 같은 상황에서 긴장하여 실수하거나 아는 문제도 대답하지 못하는 경우와 같습니다.

아이들이 수학을 두려워하는 증상을 '수학 불안'이라고 합니다. 수학 불안은 아이들이 수학 문제를 풀 때 공포를 느끼거나, 알고 있던 수학 개념도 갑자기 혼란스러워하는 심리적 상태를 뜻합니다.[1] 수학 불안을

수학을 못하는 아이는 없다

가지고 있는 아이들은 수학 수업 내용을 이해하는 데에는 문제가 없습니다. 다만 수학 시험 문제를 풀거나 자기가 알고 있는 수학 내용을 다른 사람한테 설명할 때 알고 있는 수학 지식을 제대로 활용하지 못하는 특징이 있습니다. 수학 불안이 심한 아이는 교실 뿐 아니라 일상생활에서 수학 문제를 풀 때 심한 긴장을 느끼기도 합니다. 슈퍼마켓에서 거스름돈을 계산하는 것과 같은 간단한 일에도 많은 스트레스를 받는 것이지요.

수학 개념과 원리는 어느 정도 이해하는 것 같은데 수학 수업 시간에 잘 참여하지 않으려하거나 수학 시험만 보면 성적이 낮게 나오는 아이들은 수학 불안을 의심할 수 있습니다. 수학 불안을 가진 아이들의 특징은 아래와 같습니다.

수학 불안을 가진 아이의 특징[2]
- 수학 학습에 대해 자신감이 없다. - 수학 공부를 하거나 수학 수업을 들을 때, 또는 수학 시험 볼 때 과도하게 긴장한다. - 수학 수업 또는 수학 시험 시간에 머리 또는 배가 아프다고 자주 이야기한다. - 수학 수업 또는 수학 시험 시간에 땀이 많이 난다. - 수학 수업 시간에 발표하기를 두려워한다. - 수학에 대해 부정적인 태도를 가지고 있다 (예. 하기도 전에 난 못할 거라고 생각한다). - 다른 아이들보다 수학을 못한다고 생각한다. - 알고 있는 것에 비해 수학 시험 성적이 낮다. - 수학을 싫어한다. - 수학은 중요하지 않은 과목이라고 이야기한다. - 수학 수업 시간에 적극적으로 참여하지 않는다. - 수학을 가르치는 선생님에 대해 부정적인 태도를 보인다.

PART 1 수학 학습을 포기하려는 우리 아이, 무엇이 문제일까?

 수학 불안 증세가 의심된다면 아래 있는 체크리스트로 활용하여 아이의 상태를 진단할 수 있습니다. 체크리스트의 각 항목에 아이의 상태에 따라 '매우 그렇다', '그렇다', '아니다', '매우 그렇지 않다'에 표시합니다. '매우 그렇다'는 4점, '그렇다'는 3점, '아니다'는 2점, '매우 그렇지 않다'는 1점으로 계산하여, 체크한 곳의 점수를 모두 더해 총점을 구합니다. 60점 이상이면 수학 불안을 의심할 수 있습니다. 그러나 체크리스트의 점수는 절대적인 것이 아닙니다. 60점 이상이 되면 전문가와의 상담을 통해 수학 불안 증세가 있는지를 확인해야 합니다.

수학을 못하는 아이는 없다

수학불안 체크리스트[3]

	매우 그렇다 (4점)	그렇다 (3점)	그렇지 않다(2점)	매우 그렇지 않다(1점)
수학 시험이 무섭다.				
수학 시험 시간에 머리가 아프다.				
수학 시험 시간에 긴장된다.				
수학 시험이 싫다.				
수학 수업이 싫다.				
수학 시간에 선생님이 내 이름을 불러 질문할까봐 걱정된다.				
수학 시간에 앞에 나가서 문제를 푸는 것이 싫다.				
담임(수학) 선생님이 수학을 가르치는 방식이 싫다.				
담임(수학) 선생님께 수학을 배우기 싫다.				
담임(수학) 선생님은 수학 시간에 재미있는 활동을 많이 해 주시지 않는다.				
담임(수학) 선생님께 수학을 배우면 이해가 잘 가지 않는다.				
부모님은 수학 공부에 대해 잔소리를 하신다.				

PART 1 수학 학습을 포기하려는 우리 아이, 무엇이 문제일까?

부모님은 수학을 잘 해야 한다고 말씀하신다.				
부모님이 수학을 잘해야 한다고 이야기해서 스트레스를 받는다.				
부모님은 수학 시험 성적이 낮을 때 다음에 잘 할 수 있다고 응원해주지 않는다.				
수학을 잘 못할까봐 걱정된다.				
수학 시험에서 성적이 낮을까봐 걱정된다.				
수학 문제를 풀 때 실수할까봐 걱정된다.				
수학 문제를 풀 때 틀릴까봐 불안하다.				
수학 문제를 풀기 싫다.				
			합 계	

* 초등학생은 담임 선생님께 수학을 배우기 때문에 담임 선생님으로 생각하고 체크 리스트에 자신의 상태를 표시합니다. 중·고등학생은 수학 선생님으로 생각합니다.

수학 불안 증상은 선생님과 부모님의 잘못된 대응으로 더 악화될 수 있습니다. 특히 수학 시험 성적이 낮으면서 수학 불안 증세가 있는 아이들의 지도는 각별히 신경을 써야 합니다. 이 아이들의 수학 시험 성적이 낮은 이유는 수학 개념을 이해 못하거나 문제 풀이 연습이 부족해서가 아닙니다. 불안감, 긴장감으로 시험 시간에 자신의 실력을 제대로 발휘하지 못하는 것입니다. 아이의 마음을 이해하지 못하고 선생님과 부모님이 아이가 계속 알고 있는 수학 내용을 설명해주려 하거나 반복적으로 문제풀이를 강요하면, 아이들의 수학 불안은 더 증가하게

수학을 못하는 아이는 없다

됩니다. 아이들은 '내가 잘 못하고 있는 건가?' '내가 실력이 없어서 아는 것도 다시 설명해 주나?' 하고 스스로의 능력을 의심하게 됩니다. 이로 인해 수학 불안 뿐 아니라 자신감을 상실하게 되는 문제까지 발생하게 됩니다.

   수학 불안 증세가 심해서 수학 수업에 제대로 참여하지 않는 아이의 경우도 마찬가지입니다. 수학 시간에 발표를 하지 않거나 문제 풀이에 소극적으로 임하는 것을 단순히 하기 싫거나 선생님에 대한 반항으로 생각해서는 안 됩니다. 수학 불안 증세가 있는 아이들은 수학 수업 상황에 공포를 느낍니다. 선생님이 아이들의 공포나 긴장감을 이해하지 못한 채 억지로 발표시키거나 수업태도에 대해 야단치는 것 역시 아이의 수학 불안을 악화시킬 수 있습니다.

   수학 불안 증세가 있는 아이들의 수학 수업 태도를 개선하고 성적을 높이기 위해서는 수학 불안이 생긴 근본적인 원인을 제거해야 합니다. 아이들이 수학을 무서워하게 된 원인을 이해하고, 지속적인 상담을 통해 마음의 문제를 극복하도록 도와주는 것이 중요합니다.

   그렇다면 아이들에게 수학 불안을 유발하는 원인에는 어떠한 것들이 있을까요? 수학 불안을 유발하는 원인은 부정적 경험, 부모님, 선생님, 수학에 대한 선입견, 수학을 왜 배워야하는지 모르는 것 등이 있습니다. 각각의 문제들이 어떻게 아이들의 수학 불안을 심화시키는지 알아보고, 그 예방법과 치료법에 대해 살펴봅시다.

PART 1 수학 학습을 포기하려는 우리 아이, 무엇이 문제일까?

부정적 경험으로 인한 수학 불안

저는 중학교 때까지는 수학을 잘 했어요. 그런데 고등학교 올라와 수학이 너무 싫고 무서워졌어요. 고등학교 1학년 때 수학 선생님은 칠판에 문제를 쓰고 아이들을 지목해서 풀게 하셨는데, 어느 날 제 이름을 부르셨어요. 그런데 하필 제가 잘 알지 못하는 문제였어요. 칠판 앞에 서 있는데 땀은 비 오듯 흐르고, 아무 생각이 안 났어요. 친구들이 비웃는 소리가 들리는 것 같았어요. 그 시간 이후로 저는 수학 수업 시간 마다 제 이름이 다시 불릴까 너무 걱정되어 수업에 집중할 수가 없었어요.

수학과 관련한 나쁜 기억이나 정신적 충격을 '부정적 경험'이라고 합니다. 수학과 관련한 부정적 경험은 아이들의 기억 속에서 수학 학습을 방해하는 심리적 문제로 남게 됩니다. 이러한 심리적 문제가 수학 불안으로 이어지는 것이지요. 그렇다면 부정적 경험으로 인한 수학 불안을 가진 아이가 다시 수학에 흥미와 자신감을 갖고 성적을 올리기 위해서는 어떠한 도움이 필요할까요? 이 아이에게 필요한 것은 수학 학원이나 과외 학습이 아니라 자신감을 회복할 수 있는 심리 치료입니다. 부정적 경험에서 벗어나 긍정적인 자세로 수학 학습에 임하면 수학 성적은 자연히 향상되게 됩니다.

수학을 못하는 아이는 없다

　아이들이 수학 불안을 겪게 되는 부정적 경험은 수학 시간에 다른 아이들 앞에서 당황한 경험, 다른 사람들 앞에서 망신을 당한 경험(수학 성적으로 야단을 맞거나 태도를 비난받는 경우), 다른 아이들과 비교당하면서 무시당했던 경험 등이 있습니다. 수학 시간에 발표하는 것과 같은 사소한 일도 아이들이 거부감을 느낀다면 부정적 경험이 될 수 있습니다. 학교 수학 수업은 수학 개념과 원리에 대해 토론하고 다양한 문제 풀이 방법에 대해 아이들이 생각을 발표하는 것을 강조합니다. 그런데 모든 아이들이 다른 아이들 앞에서 이야기하기를 좋아하는 것은 아닙니다. 다른 사람들이 쳐다보는 상황에 긴장하는 아이, 발표 도중 실수할까봐 걱정하는 아이, 조용히 혼자 생각하는 것을 더 좋아하는 아이도 있습니다. 아이들의 다양한 성향을 이해하지 못하고 억지로 발표시키는 것 역시 수학 불안을 유발하지요.

　부정적 경험으로 인한 수학 불안은 나이가 어릴수록, 소심한 아이일수록 자주 발생합니다. 부정적 경험으로 인한 수학 불안 증세는 일종의 정신적 외상(트라우마: trauma)을 겪는 상황과 비슷합니다. 이 때문에 부정적 경험으로 인한 수학 불안이 발생하면 단기간에 회복되기 어렵습니다. 전문가와의 지속적인 상담을 통해 아이 스스로 수학 불안을 극복할 수 있는 충분한 시간이 필요합니다. 따라서 부정적 경험으로 인한 수학 불안은 치료보다 예방이 더 중요합니다.

　아이들을 혼내서 잠시 말을 듣게 할 수는 있지만 스스로 공부하게 만들 수는 없습니다. 수학 불안을 예방하고 아이들이 자신감을 가지고 수학 공부를 스스로 할 수 있게 하기 위해서는 지속적인 칭찬과 격려

PART 1 수학 학습을 포기하려는 우리 아이, 무엇이 문제일까?

가 중요합니다. 아이의 성향을 무시한 채 억지로 수학 학습으로 진행하면 아이는 영영 수학을 할 수 없게 될 수 있습니다.

 **부모님의 태도로 인한 수학 불안**

수학 불안은 부모님의 양육 태도에 의해 발생하기도 합니다. 이 경우에는 수학 불안이 '시험 불안' 증세와 함께 나타나는 경우가 많습니다. 시험 불안은 아이들이 시험 시간만 되면 불안해하는 증상을 뜻합니다. 시험 불안이 있는 아이는 시험을 볼 때 머리 또는 배가 아프다고 자주 이야기하며, 심한 경우 식은땀을 흘리기도 합니다. 이 때문에 평소 실력보다 시험 성적이 낮게 나옵니다. 그런데 시험 시간이 끝나면 배가 아프거나 식은땀이 나는 등의 증상이 거짓말처럼 사라지기 때문에 부모님이나 선생님은 자칫 아이들이 시험 보기 싫어서 꾀병을 부리는 것으로 오해할 수 있습니다. 그러나 시험 불안 증세를 가진 아이들은 실제로 시험 시간에 아픈 증상을 느낀답니다.

부모님이 아이의 수학 시험 점수에 과도하게 반응하거나, 작은 실수도 용납하지 않는 양육 태도를 가진 경우에도 아이들은 시험 불안 증세를 겪게 됩니다. 여기서 부모님의 과도한 반응이란 아이들의 낮은 시험 점수에 화를 내는 것뿐만 아니라, 높은 점수에 필요 이상으로 칭찬하는 것도 포함합니다. 아이들은 부모님이 야단치는 것을 무서워합니다.

수학을 못하는 아이는 없다

하지만 동시에 부모님의 칭찬을 듣지 못할까봐 혹은 부모님을 실망시킬까봐 걱정하기도 합니다. 이러한 아이들은 눈앞에 놓인 시험지의 문제가 보이는 것이 아니라 시험이 끝난 후 부모님의 반응이 걱정되어 시험에 집중하지 못합니다. 실제 초등학교 저학년 아이들은 수학 시험 시간 혹은 시험 시간 직후에 우는 경우가 있습니다. 이 아이들은 낮은 시험점수를 걱정하는 것뿐만 아니라 좋은 점수를 받지 못하여 부모님을 실망시킬까봐 걱정하는 것입니다.

시험 불안은 정답과 오답이 명확한 수학 과목에서 가장 많이 나타납니다. 시험 불안과 수학 불안 중 무엇이 먼저 나타나는지는 알 수 없습니다. 수학 시험 결과에 대한 걱정이 수학 수업 자체에 대한 두려움으로 이어지기도 합니다. 반대로 수학 불안이 원래 있던 아이들은 수학 문제를 풀어야 하는 상황이 싫어서 시험 불안 증세를 겪기도 합니다.

시험 불안을 동반한 수학 불안의 유일한 치료법은 부모님이 양육태도를 바꾸는 것입니다. 부모님은 수학 시험 결과에 대해 관대하고, 여유 있는 태도를 가져야 합니다. 시험 점수가 낮다면 야단치기 보다 아이들이 수학 시험에 자신감을 가질 수 있도록 격려를 해 주어야 합니다. 시험 점수가 높게 나왔을 때에도 과도한 선물과 칭찬보다는 아이들이 꾸준히 공부를 이어갈 수 있도록 응원해주어야 합니다. 선생님 역시 아이들이 수학 시험 점수에 대한 부담감을 벗을 수 있도록 도와주어야 합니다.

물론 수학 시험에서 틀린 문제에 대해 정확하게 이해할 수 있도록 함께 확인하는 과정은 필요합니다. 중요한 것은 한 번의 수학 시험 점

PART 1 수학 학습을 포기하려는 우리 아이, 무엇이 문제일까?

수가 아이들의 모든 수학 능력을 보여주는 것은 아니라는 점입니다. 부모님은 자녀가 충분히 수학 수업 시간에 집중하고 있는지, 꼭 배워야할 수학 개념들을 잘 이해하고 있는지만 확인하면 됩니다. 담임 선생님과의 상담, 교과서 검사 등으로 아이들의 이해도는 충분히 점검할 수 있습니다.

부모님의 양육방법이 수학 불안의 원인이 될 수 있다고 해서 부모님이 자녀들의 수학 학습에 무관심해서는 안 됩니다. 부모님의 반응이 걱정되어 수학 불안을 높아지기도 하지만, 부모님이 자신의 수학 학습에 너무 무관심하다고 느끼는 경우에도 수학 불안이 발생하기 때문입니다.[4] 아이들은 부모님의 '든든한 지원'을 기대합니다. 아이들은 부모님이 수학 학습에 어려운 점은 없는지 물어봐주고 관심을 가져주는 것을 가장 좋아합니다. 또한 아이들은 부모님으로부터 좋은 성적을 받았을 때는 적절한 칭찬을, 낮은 성적을 받았을 때는 격려를 기대합니다. 부모님의 따뜻한 양육태도는 아이들의 수학 불안을 예방하는 가장 좋은 해결책이며, 수학 시험 성적을 향상시키는 데 중요한 역할을 합니다.

수학을 못하는 아이는 없다

 ## 수학에 대한 선입견으로 인한 수학 불안

"수학을 잘 해야 좋은 대학에 갈 수 있다", "수학을 잘하는 아이가 똑똑한 아이이다"

선생님과 부모님은 도전 의식을 가지고 열심히 하라는 뜻에서 아이들에게 이처럼 이야기합니다. 그러나 지나치게 수학의 중요성을 강조하는 말을 들은 아이들은 수학을 어려운 과목, 머리 좋은 아이만 잘 하는 과목이라고 오해하게 됩니다. 이와 같은 수학에 대한 선입견은 수학 불안을 유발하는 주요한 원인이 되지요. 에베레스트 산과 같이 너무 높은 산은 올라갈 엄두가 나지 않는 것과 동일한 이치입니다.

수학에 대한 과도한 강조는 자신감이 부족한 아이, 소심한 아이들의 수학 불안 증세를 악화시킬 수 있습니다. 이러한 아이들은 조금만 어려운 내용이 나와도 미리 겁먹고 하기 싫어하게 됩니다. 지나치게 수학 선행 학습을 하는 아이들 역시 수학에 대한 선입견으로 인한 수학 불안이 쉽게 발생합니다. 스스로 하고 싶거나 수학에 특별한 재능이 있어서 선행학습을 하는 경우도 있지만 부모님 혹은 사교육의 강요로 인해 자신의 이해 수준과 발달 단계에 맞지 않는 수학과 선행학습을 하는 아이들이 있습니다. 이 때 아이들은 수학 개념과 원리를 보면서 자신이 똑똑하지 않아서 자신이 이해하지 못한다고 착각합니다. 발달 단계상 이해하지 못하는 것이 당연한 내용임에도 불구하고 스스로의 능력을 탓

PART 1 수학 학습을 포기하려는 우리 아이, 무엇이 문제일까?

하게 되는 것이지요. 이와 같은 상황에서 많은 아이들이 좌절하고 수학 학습을 포기하게 됩니다.

수학에 대한 선입견으로 수학 불안이 발생한 경우에는 주위 어른들이 아이가 수학을 쉽고 편하게 다가갈 수 있도록 배려해주어야 합니다. 특히 아이가 수학에 관한 자신감을 회복할 수 있는 계기와 시간을 제공해주는 것이 중요합니다. 아이가 수학 문제 풀이를 성공하지 못했더라도 포기하지 않고 노력한 점을 칭찬해 주어야 합니다. 이 때 '머리가 똑똑하다'는 식의 칭찬보다는 아이의 노력을 칭찬해주는 것이 좋습니다. '똑똑하다'는 칭찬을 들은 아이들은 수학 문제를 풀지 못했을 때 자신이 똑똑하지 못해서 해결하지 못했다고 생각할 수 있기 때문이지요. 아이의 수학 자신감을 회복시키기 위해서는 우선 아이가 이해하고 잘 할 수 있는 적정 수준의 수학 과제를 주어야 합니다. 아이들은 수학 문제를 자신의 힘으로 해결하면서 스스로 할 수 있다는 자신감을 갖게 됩니다.

 ## 선생님으로 인한 수학 불안

아이들에게 선생님은 부모님만큼이나 중요한 존재입니다. 선생님의 역할은 아이들의 수학 불안을 증가시키거나 감소시키는데 있어 절대적입니다. 특히 어린 아이일수록 선생님의 영향을 더 크게 받습니다. 앞

수학을 못하는 아이는 없다

서 살펴본 바와 같이 수학에 대한 부정적 경험으로 인한 수학 불안, 수학에 대한 선입견으로 인한 수학 불안을 극복하는 데에도 선생님의 역할은 중요합니다.

선생님으로 인한 수학 불안은 선생님에 대한 호감도가 수학 학습에 영향을 주는 상황을 의미합니다. 학창시절 좋아하는 선생님에게 잘 보이기 위해 그 선생님이 지도하는 과목을 열심히 공부해 본 경험이 있으시지요? 이와 같이 선생님에 대한 호감은 아이들이 수학 수업을 집중하는데 중요한 역할을 합니다.

특히 선생님의 수학 지도 방식은 선생님에 대한 호감도를 결정하는데 큰 영향을 미칩니다. 아이들이 선생님의 수학 수업 지도 방식에 불만을 갖게 되면 수업에 집중하지 못하게 됩니다. 선생님을 싫어하는 아이들은 수학 교과 그 자체와 상관없이 수학 시간이 싫고, 수학을 멀리하는 수학 불안 증세를 겪게 됩니다. 이 경우 다른 선생님에게 수학 수업을 받는 것이 가장 효과적인 해결책이 됩니다. 아이가 믿고 따를 수 있는 수학 선생님에게 수학 수업을 받는 것으로 수학 불안을 극복하는 것이지요.

그런데 아이가 선생님을 좋아하는 것과 별개로 선생님 자체의 문제 때문에 아이에게 수학 불안이 발생할 수도 있습니다. 선생님이 수학 불안을 가지고 있는 경우가 이에 해당합니다. 선생님의 수학 불안은 '수학 교수 불안(數學 敎授 不安)'이라고 합니다. 수학 교수 불안은 수학 수업에서 선생님들이 느끼는 불안감, 긴장감을 지칭합니다. 수학 교수 불안을 가진 선생님들은 수학 수업을 하기 싫어하는 특징이 있습니다.

PART 1 수학 학습을 포기하려는 우리 아이, 무엇이 문제일까?

 선생님들이 수학 교수 불안을 겪는 이유는 다양합니다. 전 과목을 모두 지도하는 초등학교 선생님의 경우, 수학 자체를 싫어하는 선생님도 있습니다. 또 선생님이 다른 과목에 비해 수학 지도 방법을 잘 알지 못하는 경우에도 수학 교수 불안이 나타납니다. 수학을 전공한 중·고등학교 선생님들에게도 수학 교수 불안이 발생합니다. 수학 선생님들은 교실 아이들의 수준차가 너무 커서 어느 수준에 맞춰 수업을 해야 할지 모를 때, 아이들이 선행학습으로 미리 학원에서 수학 수업 내용을 다 배워와서 무엇을 지도해야 할지 난감할 때, 아이들이 수학 공부를 포기하고 수업에 잘 집중하지 않을 때 수학 교수 불안을 겪습니다. 수학 교수 불안이 있는 선생님들은 아이들에게 다양한 활동으로 수학 개념을 지도하기 보다 수학 문제 풀이만 시키는 경향이 있습니다. 또한 아이들의 질문에 제대로 대답을 해주지 않지요. 이와 같은 선생님에게 수학을 배운 아이들은 당연히 수학 학습에 어려움을 겪게 됩니다. 선생님의 문제가 심각할 경우 아이들에게 수학 불안 증세가 발생하기도 하지요.

 아이들이 수학 선생님에 대해 불만을 토로한다면 부모님들은 무엇이 문제인지 잘 듣고, 아이가 수학 불안을 겪지 않도록 도와주어야 합니다. 그러나 아이의 수학 불안과 관련하여 선생님을 판단하기 전에 놓치지 말아야할 점이 있습니다. 선생님에 대한 평판이 아이들이 선생님을 바라보는데 많은 영향을 줄 수 있다는 점입니다. 수학 수업을 받기도 전에 선생님에 대한 부정적인 이야기를 들은 아이는 수학 수업에 적극적으로 참여하지 않습니다. 따라서 아이가 수학 선생님을 긍정적으로

수학을 못하는 아이는 없다

바라볼 수 있도록 부모님이 돕는 것은 결국 아이가 수학 불안을 겪지 않고 수학 성적을 향상시키는데 중요한 역할을 합니다. 아이가 수학 선생님의 단점을 이야기해도 부모님은 일단 아이가 선생님의 좋은 점을 찾을 수 있도록 도와주어야 합니다. 수학 선생님의 수업에 문제가 있다면 아이가 알지 못하게 선생님과 직접 이야기하는 것이 좋습니다. 아이가 한 번 선생님에 대해 불신을 갖게 되면 이후 만나게 되는 선생님도 부정적으로 바라볼 수 있기 때문입니다.

 **수학을 왜 배워야 하는지 몰라서 생기는 수학 불안**

"수학을 왜 배워야 하는지 모르겠어요.", "수학은 대학 입시 때 빼고는 쓸 데가 없어요."

수학에 대해 부정적으로 이야기하는 아이는 수학 불안을 가지고 있을 가능성이 높습니다. 수학에 대한 이러한 부정적 생각들은 '하고 싶지 않은 수학 공부를 억지로 할 수밖에 없다'라는 마음의 부담으로 작용하며, 이러한 부담감이 수학 불안으로 연결되는 것입니다. 수학을 배울 이유를 찾지 못한 아이들은 당연히 수학 공부가 싫어지게 되는 것이지요.

수학 문제집의 문제 풀이만 반복하고 있는 아이들은 수학을 통해 형이상학적인 아름다움을 이해하고, 문제해결력과 논리력을 향상시킬 수

PART 1 수학 학습을 포기하려는 우리 아이, 무엇이 문제일까?

있다는 주장을 이해하기 어려울 것입니다. 최근 실생활에 적용 가능한 수학 활동들이 수학 수업에 적용되고 있지만, 모든 수학 개념과 원리들을 실생활 속 예시로 설명할 수는 없습니다. 아이들이 수학을 왜 배워야 하는지, 어떠한 가치가 있는지에 대해 이해하기 위해서는 부모님, 선생님이 함께 고민하고 이야기를 나누어주어야 합니다. 수학의 목적과 장점은 이 책의 3장에서 소개됩니다.

지금까지 학습 능력과 상관없이 마음의 문제로 수학 공부를 어려워하는 아이들의 문제점을 살펴보았습니다. 수학 불안이 심한 아이들은 개별학습을 받는 것이 효과적일 수 있습니다. 개별학습은 선생님과의 일대일 학습, 또는 진도를 정해놓고 스스로 하는 자기 주도적 학습을 의미합니다. 마음의 문제로 수학 공부에 집중하지 못하는 아이들은 대부분 주변 사람들의 시선을 중요하게 생각하는 특징이 있습니다. 부모님과 선생님, 혹은 친구들이 수학을 잘 못한다고 무시할까봐 걱정하고 위축되는 것이지요. 따라서 마음의 문제가 있는 아이는 다른 사람과 비교하지 않도록 혼자 공부하는 것이 마음에 안정을 줄 수 있습니다. 수학 문제에 대해 충분히 생각할 수 있는 혼자만의 시간을 갖게 하면 아이는 마음의 불안을 잊고 수학에 집중할 수 있습니다.

심각한 심리적 문제를 겪는 아이들은 수학 학습 자체를 포기하기도 합니다. 마음의 문제로 인한 수학 학습의 어려움은 그 직접적인 원인을 찾아 이를 제거해야 치료될 수 있습니다. 아이가 심리적 문제를 극복하고 자신감을 회복하기 위해서 가장 중요한 것은 부모님과 선생님의 칭

수학을 못하는 아이는 없다

찬과 격려입니다. 수학 시험에서 틀린 문제 보다는 잘 푼 문제에 대해 칭찬하는 방법은 아이들의 자신감을 향상시킬 수 있습니다. 또한 끊임없는 격려를 통해 아이들에게 앞으로 잘 할 수 있을 것이라는 믿음을 주어야 합니다. 그러나 수학 불안을 포함한 마음의 문제가 심각한 경우에는 심리 전문가와의 상담을 통해 문제점을 진단하고 해결 방안을 찾아야 합니다.

문제의 원인이 제거되어도 아이들이 다시 수학 학습에 자신감을 갖게 될 때까지 많은 시간과 노력이 필요합니다. 따라서 수학 학습과 관련한 마음의 문제가 발생하기 전 예방이 가장 중요하다고 할 수 있습니다. 선생님과 부모님은 수학 불안 등 마음의 문제를 일으키는 여러 가지 상황과 요인에 대해 충분히 이해하고, 아이의 성향을 파악하여 아이들이 이러한 어려움을 겪지 않도록 수학 학습 초기부터 세심한 배려를 제공해야 합니다.

수학 학습은 1~2년 안에 능력과 성과가 결정되는 것은 아닙니다. 초·중·고등학교의 12년 과정을 통해, 길게는 평생 이어집니다. 따라서 단기간의 수학 시험 결과로 아이들이 불안해하지 않도록 어른들의 관심과 배려가 필요합니다.

PART 1 수학 학습을 포기하려는 우리 아이, 무엇이 문제일까?

CHAPTER 2

수학 시험에서 실수하는 아이들

수학 시험에서 틀린 문제에 대해 아이에게 다시 설명해 주려고 하면 아이가 짜증을 내면서 들으려고 하지 않아요. 단지 실수한 거라며 다 알고 있다고 이야기해요. 그런데 시험을 다시 보면 똑같은 실수를 또 해요. 이 아이를 어떻게 지도해야 할까요?

아이들은 수학 시험을 보고 나서 '실수'했다는 이야기를 많이 합니다. 정말 알고도 실수를 한 것인지, 공부하기 싫어서 핑계를 대는 것인지 부모님은 혼란스럽기만 합니다. 수학 시험에서 자주 실수를 하는 아이를 어떻게 지도해야 할까요?

수학 시험에서 아이들이 '실수'를 하는 데에는 다양한 이유가 있고, 그 이유에 따라서 지도 방법이 달라집니다. 아이들의 실수에 부모님과 선생님이 적절하게 대응하지 못하면 아이들은 수학을 더 어려워하거나 싫어하게 될 수 있습니다.

그렇다면 수학 시험에서 아이들의 실수를 어떻게 바라보아야 하는지, 아래 나영이의 문제 풀이 과정을 살펴보면서 함께 생각해봅시다.

수학을 못하는 아이는 없다

나영이는 210-12에 답을 아래와 같이 188이라고 적었습니다. 정답은 198입니다. 나영이는 188이라고 답을 쓴 이유에 대해 다음과 같이 이야기했습니다.

$$\begin{array}{r} 210 \\ -12 \\ \hline 188 \end{array}$$

0에서 2를 뺄 수 없잖아요. 앞의 수 1에서 10을 빌려와* 10에서 2를 뺐어요. 그래서 답에서 일의 자리는 8이 되었고요. 210에서 1은 0이 되었잖아요. 0에서 1을 못 빼니까 앞에 백의 자리 2에서 빌려와야 해요. 백의 자리 2는 1이 되었으니까 9만 빌려왔어요. 9에서 1을 빼니까 답에서 십의 자리는 8, 2는 1이 되었으니까 그대로 내려서 답에서 백의 자리는 1이 되요. 그래서 답은 188입니다.

나영이는 십의 자리에서 받아내림은 잘 했지만, 백의 자리에서 받아내림을 할 때는 제대로 계산하지 못했습니다. 나영이에게 문제의 답이 188이 아니라 198이라는 것을 어떻게 알려주어야 할까요? 나영이의 문제 풀이를 확인한 선생님은 다음과 같이 이야기했습니다.

---

* 아이들에게 받아내림을 지도할 때 '빌려온다', '빌려준다'라는 용어를 사용합니다. 영어권에서 수학 시간에 사용되었던 'borrowing'이란 단어를 직역한 것입니다. 그런데 '빌린다'는 용어에는 '향후 갚는다'는 의미가 포함

PART 1 수학 학습을 포기하려는 우리 아이, 무엇이 문제일까?

이 아이는 받아내림을 이해하지 못하고 있습니다. 받아내림의 개념을 다시 공부해야 해요. 여러 가지 자료를 활용해서 자릿값과 받아내림을 어떻게 하는지 배워야 해요.

선생님은 나영이에게 받아내림을 다시 지도하려고 합니다. 그런데 나영이는 불만스럽게 이야기합니다.

저 원래 다 알고 있었어요. 그냥 실수라구요. 다시 공부 안해도 되요. 문제 풀기도 필요없어요. 하기 싫어요.

위와 같은 상황에서 나영이에게 받아내림을 어떻게 지도해야 할까요? 무조건 받아내림의 개념을 설명해주기 보다는 나영이가 받아내림의 개념을 정확히 알고 있는지, 만약 알고도 문제 풀이에서 실수를 했다면 그 이유는 무엇인지 살펴보아야 합니다. 수학 개념을 제대로 알지 못해서 수학 문제를 풀이를 틀리는 경우와 알고도 실수하여 오답을 적는 상황을 나눠서 생각해 봅시다.

되지요? 이러한 문제점 때문에 외국에서는 'borrowing'이라는 용어를 'regrouping(다시 묶기)'이라는 단어로 바꿔 사용하고 있습니다. 'regrouping'은 열개의 묶음을 한개씩 낱개로 풀어 뺄셈에 사용한다는 의미입니다. 수학 교과서에서 사용하는 여러 용어 중 아이들에게 혼란을 줄 수 있는 부적절한 수학 용어에 대한 고민이 필요합니다.

수학을 못하는 아이는 없다

 ## 수학 개념을 정확히 이해하지 못해서 문제를 풀지 못하는 아이들

아이들은 수학 개념을 정확히 이해하지 못했을 때 수학 문제를 풀지 못합니다. 수학적 개념을 정확히 이해하지 못하거나 다른 의미로 잘못 알고 있는 것을 '수학 오개념(Mathematical Misconception)'이라고 합니다.[5] 수학 오개념을 가진 아이들은 수학 개념과 원리를 제대로 이해하지 못했음에도 불구하고 스스로 '수학 개념을 잘 알고 있다'고 생각합니다. 자신이 제대로 알고 있지 못하다는 것을 모르기 때문에 이어지는 수학 학습에서 계속 이해의 어려움을 겪게 됩니다. 수학 오개념이 무엇인지 아래 문제를 통해 알아봅시다.

문제

$\frac{2}{3}$ 와 $\frac{1}{3}$ 중 더 큰 분수는 무엇입니까?

이 문제를 접한 대부분의 아이들은 당연히 $\frac{2}{3}$ 가 더 크다고 대답합니다. 여기서 '$\frac{2}{3}$ 가 당연히 더 크다'라고 생각하는 것이 수학 오개념입니

PART 1 수학 학습을 포기하려는 우리 아이, 무엇이 문제일까?

다. 상황에 따라 $\frac{1}{3}$이 $\frac{2}{3}$보다 클 수도 있습니다. 분수는 무엇을 나누느냐(기준량)에 따라 그 양이 달라지기 때문입니다. 예를 들어, 수박 한 통의 $\frac{1}{3}$은 사과 한 개의 $\frac{2}{3}$보다 큽니다.

그렇다면 아이가 수학 오개념을 가지고 있는지 어떻게 확인할 수 있을까요? 수학 오개념을 가지고 있는 아이들은 어떤 특정 유형의 수학 문제를 틀리기보다는 수학 개념과 관련한 여러 가지 형태의 문제(예. 계산식 문제, 문장제 문제, 그래프 문제 등)를 대부분 풀지 못합니다. 나영이가 받아내림과 관련한 수학 오개념을 가지고 있다면 210-18의 세로셈 뿐만 아니라 '달걀 210개 중 18개가 깨졌습니다. 남은 달걀은 모두 몇 개 입니까?'와 같은 문장제 문제의 답도 188이라고 적을 것입니다.

수학 오개념을 고치기 위해서는 수학 선생님의 역할이 중요합니다. 선생님은 수학 개념을 다시 설명해 주는 것이 아니라, 아이가 알고 있는 수학 개념에서 무엇이 잘못되었는지를 정확히 짚어 설명해야 합니다. 예를 들어, 앞에서 살펴 본 문제의 경우 분수의 개념을 다시 설명해 주는 것이 아니라 왜 $\frac{1}{3}$이 $\frac{2}{3}$보다 클 수 있는지를 구체적으로 설명해 주어야 합니다. 이 때 다시 분수의 개념부터 아이에게 설명하려고 하면 아이는 '다 알고 있어요!'라고 소리칠 수도 있습니다.

 **계산 실수를 반복하는 아이들**

　수학 개념들을 잘 알고 있지만, 풀이 방법을 잘 못 기억해서 수학 문제를 제대로 풀지 못하는 아이들도 있습니다. 이러한 증상을 '수학 오류(Mathematical Error)'라고 합니다. 수학 오류는 수학 오개념과 달리 수학 개념을 정확히 알고 있으면서도 문제를 풀지 못하는 경우를 의미합니다. 수학 오류는 문제 풀이에서 어떤 실수가 있는지를 찾아 그것만 고쳐주면 쉽게 증상을 치료할 수 있습니다.

　수학 오류는 단순한 계산 실수와 구분됩니다. 단순 실수는 아이의 집중력 부족, 순간적인 판단 착오, 계산 할 때의 착각으로 인한 실수로 틀린 답을 적는 경우를 이야기 합니다. 반면, 수학 오류는 체계적이고 지속적으로 같은 유형의 문제에서 계산 실수를 하는 것을 의미합니다. 체계적으로 틀린다는 것은 수학 문제를 풀 때 아이들이 나름의 논

PART 1 수학 학습을 포기하려는 우리 아이, 무엇이 문제일까?

리를 가지고 오답을 적는 것을 의미합니다. 나영이의 문제 풀이 과정을 다시 살펴볼까요? 나영이는 '210-12=188'이라고 문제를 풀면서 "백의 자리에 1이 남아있기 때문에 십의 자리에 9(90)만 받아내림했다"고 설명했습니다. 이처럼 수학 오류를 가진 아이는 문제 해결 과정에 있어 나름의 논리를 가지고 풀이 과정을 설명합니다. 만일 아이가 수학 오류가 아닌 단순한 실수로 문제를 풀지 못했다면 풀이 과정을 제대로 설명하지 못할 것입니다.

'지속적'으로 틀린다는 것은 아이가 자신이 알고 있는 틀린 방법을 모든 문제 풀이에 사용하려고 하는 상황을 나타냅니다. '210-12'를 제대로 풀지 못했던 나영이가 수학 오류인지 정확하게 알아보기 위해서는 비슷한 형태의 문제를 다섯 개 정도 풀어보도록 해야 합니다. 유사한 문제를 다섯 개 정도 주었을 때, 세 문제 이상을 같은 방법으로 풀어서 오답을 적는 경우는 수학 오류로 생각할 수 있습니다. 다섯 문제 중에 한 두 문제를 틀리거나 세 문제 이상 틀렸지만 아이가 문제를 일정한 방법대로 풀지 않았을 때는 수학 오개념이나 단순한 실수로 생각할 수 있습니다.

수학 개념은 제대로 이해했음에도 불구하고, 아이들은 왜 수학 오류를 범하게 될까요? 수학 오류는 수학을 지도하는 사람(선생님, 부모님, 형제자매 등)의 잘못된 지도 방법, 아이 스스로의 독창적 방법 등으로 발생하게 됩니다.

우선 수학을 지도하는 사람의 잘못된 지도 방법을 알아봅시다. 선생님도 수학 시간에 순간적으로 착각하면 잘못된 문제풀이 방법을 사용할

수학을 못하는 아이는 없다

수 있습니다. 아이들은 선생님이 설명한 방법대로 문제를 풀려고 하는 경향이 있습니다. 선생님의 풀이 방법대로 문제를 풀지 않으면 감점을 받을 수도 있다는 불안감 때문이지요. 부모님, 형제자매와 같은 가족에게 수학을 배울 때도 마찬가지입니다. 이러한 수학 오류는 초등학생에게 주로 나타납니다. 선생님이나 가족에 대한 믿음으로 자신이 정확히 알고 있던 것도 아닐 수 있다고 생각하게 됩니다.

'통분하면 $\frac{1}{5}+\frac{2}{3}=\frac{3}{15}+\frac{10}{15}=\frac{13}{15}$이 답인 것 같은데… 어제 언니가 $\frac{1}{5}+\frac{2}{3}=\frac{3}{8}$ 이라고 알려줬는데 어떤 방법으로 풀어야 하지?

수학 오류는 자신만의 독창적인 문제 풀이 방법을 만들기 좋아하는 아이들에게서도 많이 나타납니다. 자신만의 특이한 방법으로 수학 문제를 풀다가 우연히 정답을 맞힌 경우를 생각해봅시다. 이 아이는 이 후 비슷한 문제가 나올 때마다 스스로 만든 풀이 방법을 사용하려고 합니다.

이와 같은 수학 오류는 수학 선생님이 아이의 방법에서 틀린 점을 정확히 지적해 주어야 고칠 수 있습니다. 수학 오류는 문제를 잘못된 방법으로 푸는 것입니다. 따라서 수학 개념을 다시 아이에게 설명해주는 것보다 아이가 문제를 푼 방법에서 무엇을 고쳐야 하는지 선생님이 직접적으로 알려주어야 합니다. 수학 오류를 가지고 있는 아이들에게

PART 1 수학 학습을 포기하려는 우리 아이, 무엇이 문제일까?

수학 개념이나 원리를 다시 설명해주려고 하면 아이는 지겨워하면서 듣지 않으려 하기 때문입니다.

　수학 오류를 예방하기 위해서는 아이들이 토론을 통해 스스로 수학 개념과 원리, 문제 풀이 방법을 찾아내는 것이 좋습니다. 토론의 과정에서 아이들이 가지고 있는 오류들이 나타납니다. 선생님과 다른 친구들은 토론을 통해 아이의 수학 오류를 고쳐줄 수 있습니다.

　아이들이 수학을 문제 풀이 중심의 지겨운 과목이라고 생각하는 이유는 각자의 문제 상황에 맞는 적절한 도움을 받을 수 없기 때문입니다. 수학 개념 설명을 계속 반복해서 듣거나 답을 정확하게 쓸 때까지 지속적으로 문제 풀이만을 반복하는 아이가 수학을 싫어하게 되는 것은 당연합니다. 아이들이 수학 문제에 정답을 적지 못했을 때 그 원인이 수학 개념을 잘 못 이해한 것인지 문제 풀이 방법의 실수인지를 파악하여 알맞은 지도를 해야 아이들이 수학을 즐겁게 할 수 있습니다.

CHAPTER 3

뇌의 문제로 수학을 할 수 없는 아이들

미국 영화배우 톰크루즈는 난독증(Dyslexia)을 가진 배우로 알려져 있습니다. 난독증은 글을 읽어도 그 의미를 정확하게 이해하지 못하거나 또래에 비해 읽는 속도가 눈에 띄게 느린 것과 같은 읽기 관련 장애를 의미합니다. 난독증이 심한 경우 'apple'이라는 단어가 'eppal'과 같이 철자가 섞여 보이기도 합니다. 그런데 톰크루즈는 난독증 증세 때문에 글을 읽는 데 어려움이 있을 뿐이지 일상생활을 하는 데에는 다른 문제가 없다고 합니다. 이와 같이 전체적인 지능에는 문제가 없지만 특정한 교과와 관련하여 태어나면서부터 원인을 알 수 없는 어려움을 겪는 증상을 학습장애(Learning Disability)[7]라 합니다.

학습장애는 정신지체, 눈이나 입과 같은 감각기관의 문제, 문화적인 차이로 인해 학교 성적이 낮게 나오는 것과 구별됩니다. 아이의 지능(I.Q.)을 감안했을 때 충분히 해결할 수 있는 문제를 전혀 풀지 못했을 때 학습장애를 의심합니다.

수학 역시 학습장애가 나타나는 교과 중 하나입니다. 수학 학습장애를 가진 아이는 일상생활이나 다른 교과의 수업에서는 큰 어려움을 겪

PART 1 수학 학습을 포기하려는 우리 아이, 무엇이 문제일까?

지 않습니다. IQ 검사에서도 정상적인 지능을 나타냅니다. 그런데 유독 수학을 이해하는 것에 어려움을 느낍니다. 수학 학습 장애의 대표적인 증상으로는 난수증(Dyscalulia)이 있습니다.[8] 난수증은 난독증과 유사하게 숫자를 보고 정확하게 읽지 못하는 특징이 있습니다. 예를 들어, 123이라는 숫자를 보았을 때 231, 312처럼 숫자들이 섞여서 보이기도 합니다.

수학 학습과 관련한 뇌의 기능에 대해 지금까지 밝혀진 것은 아래 그림과 같습니다. 수학 학습장애가 있는 아이는 선천적으로 수학을 이해하는 뇌의 일부분에 문제가 있는 것으로 추측됩니다. 그러나 아직 뇌의 치료와 관련한 방법은 개발되지 않았습니다.

수학을 못하는 아이는 없다

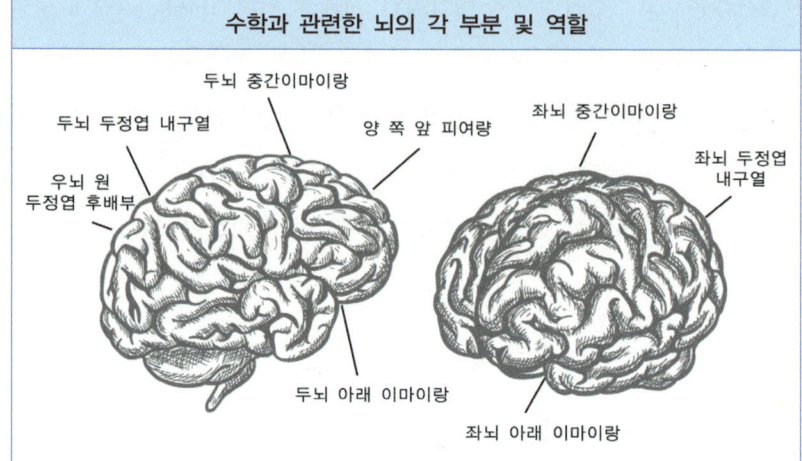

수학과 관련한 뇌의 각 부분 및 역할

두정엽 내구열 : 수와 관련한 센터로 수의 이해, 크기 비교, 어림 담당
중간 이마이랑 : 시·공간의 이해
앞 띠 이랑 : 주의집중, 고등사고, 문제해결 담당
아래 이마이랑 : 문장제 문제와 같이 고등 사고가 필요한 문제 담당
위쪽 두정엽 후배부 : 물체의 회전, 암산 등을 담당
좌뇌 이랑 : 곱셈 구구와 같은 단술 작업 담당, 수의 언어적 처리 담당

    수학 학습장애를 가진 아이들은 태어나면서부터 수학을 할 수 없기 때문에 외국에서는 이 아이들에게 장애인 교육법에 따라 별도의 수학 수업을 제공합니다. 수학 학습장애를 가진 아이들은 일반적인 수학 수업을 통해서 수학을 학습할 수 없기 때문입니다.[9]

    그러나 우리나라에서는 학습장애와 관련된 검사 및 특별 교육 관련법이 아직 시행되지 않고 있습니다. 따라서 수학 학습장애를 가진 아이들도 일반 아이들과 똑같이 교실에서 수학 수업을 받아야 합니다. 그렇다면 우리는 이 아이들을 어떻게 도와야 할까요?

PART 1 수학 학습을 포기하려는 우리 아이, 무엇이 문제일까?

　수학 학습장애를 겪고 있는 아이들의 학습 방법에 대한 아이디어는 영국의 수학교육학자 스켐프(Richard R. Skemp)의 수학 학습 이론에서 찾을 수 있습니다. 스켐프는 아이들이 수학 학습 내용을 이해하는 방법을 관계적 이해와 도구적 이해로 구분하였습니다.[10]

영국의 수학교육자 스켐프의 이론

스켐프

수학의 이해
　├ 관계적 이해 : 수학 개념을 정확히 이해하여 이를 바탕으로 수학 문제를 푸는 것
　└ 도구적 이해 : 문제를 푸는 방법만 아는 것

　관계적 이해란 수학적 개념과 원리가 어떻게 만들어졌으며, 다른 수학 개념 및 원리와 어떤 관계가 있는지 충분히 이해한 형태에서 진행하는 수학 학습 방식을 의미합니다. 예를 들어, 분수의 나눗셈을 생각해봅시다.

$$2\frac{1}{10} \div \frac{3}{5} = \frac{21}{10} \div \frac{3}{5} = \frac{\overset{7}{\cancel{21}}}{\underset{2}{\cancel{10}}} \times \frac{\overset{1}{\cancel{5}}}{\underset{1}{\cancel{3}}} = \frac{7}{2} = 3\frac{1}{2}$$

도구적 이해 예시

수학을 못하는 아이는 없다

  대부분의 아이들은 분수의 나눗셈에서 단순히 뒤쪽에 있는 분수를 역수(易數)*로 고친 후 나눗셈을 곱셈식으로 바꿔 계산한다고 알고 있습니다. 이 때 왜 뒤의 분수를 역수로 바꿔야 하는지, 나눗셈은 왜 곱셈으로 고쳐야 하는지에 대한 원리까지 이해하는 것이 관계적 이해입니다. 관계적 이해를 가지고 있는 아이는 새로운 유형의 문제나 수학 개념이 나와도 자신이 알고 있는 것을 자유롭게 응용하여 창의적 방식으로 문제를 풀거나 새로운 개념을 빠르게 습득하는 특징을 가지고 있습니다.

  반면 도구적 이해는 수학 개념에 대한 확실한 이해 없이 공식만을 외워서 문제를 푸는 방식을 의미합니다. 분수의 나눗셈에서 역수와 곱셈이 왜 필요한지에 대한 이해 없이 기계적으로 푸는 방법을 외워서 답만 구할 수 있는 아이의 학습 방법입니다. 도구적 이해만을 가지고 있는 아이는 자신이 풀어보지 못한 방식의 수학 문제를 보면 당황하고 새로운 풀이방법을 생각해내지 못합니다. 또한 수학적 개념을 이해하려 노력하기보다 기계적으로 문제풀이만 반복하는 경향이 있습니다.

  학교 수학 수업 시간은 아이들이 관계적 이해를 갖도록 하는데 목표를 두고 진행됩니다. 그런데 수학 학습장애를 가진 아이들은 이러한 관계적 이해가 선천적으로 어렵습니다. 수학 학습장애를 가진 아이들에게 관계적 이해를 해야 한다고 강요하는 것은 아이들이 수학에 대한 자신

---

* 역수란 어떤 수와 곱해서 1이 되게 하는 수입니다.

예. $\underbrace{7 \times \frac{1}{7}}_{\text{역수}} = 1$ $\underbrace{\frac{5}{8} \times \frac{8}{5}}_{\text{역수}} = 1$

PART 1 수학 학습을 포기하려는 우리 아이, 무엇이 문제일까?

감을 잃게 하는 원인이 될 수 있습니다. 따라서 수학 학습장애를 가진 아이들에게는 도구적 이해를 중심으로 수학 수업을 하는 것도 하나의 대안이 될 수 있습니다. 스켐프는 수학 공식을 암기하여 단순히 적용하는 것만을 알고 있는 도구적 이해가 수학 성적을 단기간에 올리는데 효과적이라고 이야기했습니다. 따라서 수학 학습을 포기하거나 어려워하는 아이들은 도구적 이해를 바탕으로 성적이 오르는 경험을 통해 수학 교과에 대한 자신감을 회복할 수 있습니다. 물론 도구적 이해만으로 수학 수업이 끝나서는 안 됩니다. 스켐프 역시 도구적 이해를 통해 자신감을 회복한 아이들에게 관계적 이해를 할 수 있도록 다시 지도해야 한다고 강조했습니다. 그러나 관계적 이해를 할 수 없는 수학 학습장애 아이들이 지금의 교육 체제에서 별도의 도움을 받기 어렵다는 점을 감안할 때, 도구적 이해를 통해 우선 수학 성적을 유지하거나 향상시킬 수 있도록 수학 학습장애 아이들을 도와야 합니다.

수학을 못하는 아이는 없다

맺는 말

지금까지 아이들이 느끼는 수학 학습의 어려움과 그 원인에 대해 알아보았습니다. 그동안 우리는 수학 학습을 강조하면서도 아이들이 겪는 수학 학습 어려움에 대해 관심을 기울이지 못했습니다. 우리는 아이들의 수학 성적이 낮은 이유에 대해 선생님의 수학 지도 능력이 부족해서, 혹은 아이들이 충분히 노력하지 않아서라고 쉽게 단정지었습니다. 수학 학습과 관련한 모든 문제들의 책임은 선생님과 아이들 몫이었습니다.

아이들은 노력이 부족해서 수학을 못하는 것이 아닙니다. 앞에서 살펴본 바와 같이 다양한 원인들로 인해 아이들은 수학 학습에 어려움을 겪고 있습니다. 그러나 우리는 아이들이 겪는 문제와 상관없이 아이들에게 반복적인 문제 풀이만을 강요해왔고, 결국 많은 아이들은 수학 공부를 포기하려고까지 하고 있습니다.

아이들이 수학 학습에서 겪는 문제들은 부모님의 양육 태도, 선생님과의 관계, 수학 학습과 관련한 과거의 경험 등 다양한 원인들에 영향을 받습니다. 또한 수학 학습 문제 증상도 아이마다 다르게 나타납니다. 아이들이 수학이 어렵다고 이야기 한다면, 무엇 때문에 힘든지 우

PART 1 수학 학습을 포기하려는 우리 아이, 무엇이 문제일까?

선 아이들의 이야기를 들어주어야 합니다. 그리고 각각의 문제 상황에 맞는 적절한 도움을 주어야 합니다.

  가장 중요한 것은 아이들이 수학 학습에 어려움을 겪지 않도록 미리 예방하는 것입니다. 칭찬과 격려로 아이들이 수학에 자신감을 갖도록 도와주어야 합니다. 아이의 성격과 이해 수준에 따라 적절한 과제를 주어 성취감을 갖도록 해 주어야 합니다. 선생님과 부모님은 아이가 수학을 잘 하도록 이끄는 지도자가 아닌, 아이가 어려움을 잘 극복하고 스스로 이해할 수 있도록 도와주는 조력자가 되어야 합니다.

수학을 못하는 아이는 없다

PART 2

아이들은 왜 수학을 어려워할까?

수학을 못하는 아이는 없다

들어가는 말

엄마, 수학 공부 너무 어려워요. 하기 싫어요.

너만 어려운 거 아니야. 다들 어려워. 그래도 좋은 대학 가려면 수학 꼭 잘해야 해.

아이들은 왜 수학을 어려워할까요? 고등학교 수학 시간에 나오는 삼각함수, 미분, 적분이야 당연히 어렵다고 해도 초등학교, 중학교에 나오는 쉬운 내용조차 어려워하는 아이들을 보면 답답하기만 합니다.

사실 나이와 상관없이 모든 아이들은 수학을 이해하기 어렵습니다. 수학은 아이들이 이해하기 어려운 '특징'을 가지고 있기 때문입니다.

2장에서는 '원래 어려운 수학의 특징'에 대해 알아보려고 합니다. 왜 아이들이 수학을 어려워하는지 이유를 알아야 아이들의 수학 공부를 더 잘 도와줄 수 있겠지요? 또한 아이들의 어려움을 미리 알 수 있다면 아이들이 어려움을 잘 극복할 수 있는 방법에 대해서 연구하고, 수학불안과 같은 수학 학습 문제 증상을 겪지 않도록 예방할 수 있습니다. 자, 이제 수학이 왜 어려운지 그 이유에 대해 하나씩 알아봅시다.

PART 2 아이들은 왜 수학을 어려워할까?

CHAPTER 1

생각해야 하는 수학

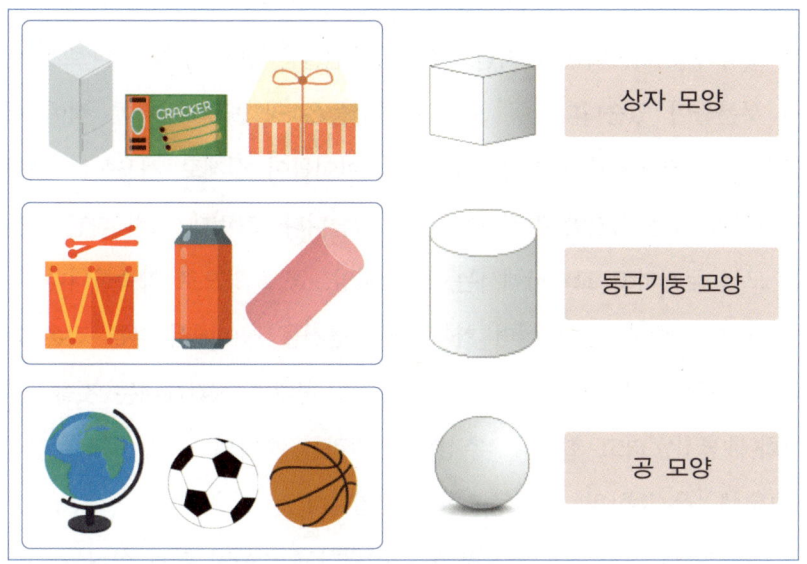

생활 속 여러 가지 도형의 이해

위의 그림은 초등학교 1학년 수학교과서의 한 장면입니다. 아이들에게 상자 모양(직육면체*), 둥근 기둥 모양(원기둥), 공 모양(구)에 대해

---

* 초등학교 1학년 과정은 점, 선, 면 등 도형의 기본 요소에 대한 정의를 학습하기 이전입니다. 따라서 아이들은 직육면체, 원기둥, 구와 같은 입체도

설명하고 있지요. 교과서 활동은 다음과 같이 진행됩니다. 우선, 아이들은 생활 속에 여러 가지 물건들을 비슷한 모양끼리 묶어봅니다. 교과서에서는 냉장고, 과자 상자, 선물 상자를 비슷한 모양으로 분류하고 이를 상자와 비슷한 '상자 모양'이라고 이름 붙입니다. 같은 방법으로 둥근 기둥 모양과 공 모양을 약속하고 있습니다.

그런데 이상한 점이 있습니다. 상자 모양으로 묶인 물건들을 살펴볼까요? 냉장고에는 손잡이가 있고, 선물 상자에는 리본이 있습니다. 상자 모양과 비슷하기는 하지만 각각의 물건들은 상자 모양과 다르게 생긴 부분들이 있습니다. 공 모양의 물건들은 공 모양과 다른 점이 더 많습니다. 지구본에는 손잡이가 있고, 아이들이 실제로 사용하는 축구공은 둥글기는 하지만 각진 부분들이 있습니다. 그런데 이런 다른 점들을 모두 무시하고 교과서에서는 상자 모양, 공 모양으로 약속합니다.

이러한 활동과 같이 여러 가지 다른 물건들 사이에서 다른 점은 제외하고 공통적인 점만 찾아내어 수학적인 형태로 생각해내는 것을 '추상화(抽象化)'라고 합니다. 추상화와 관련한 수학의 성격, 즉 '추상성(抽象性)'은 수학의 가장 중요한 특징입니다.

교과서에서 상자 모양을 어떻게 추상화하고 있는지 다시 살펴볼까요? 아이들은 일상생활 속에서 쉽게 접할 수 있는 냉장고, 과자 상자, 선물 상자 등을 살펴보면서 이 물건들의 차이점과 공통점을 생각합니다. 이때 차이점은 눈으로 보이는 것과 그렇지 않은 것을 모두 포함합니다. 예를 들어, 아이들은 냉장고, 과자 상자, 선물 상자를 살펴보고 눈으로

형의 정확한 명칭 대신, 상자모양, 둥근기둥 모양, 공 모양과 같이 유아기에 쉽게 사용하는 용어로 입체도형을 학습합니다.

PART 2 아이들은 왜 수학을 어려워할까?

보이는 차이점인 손잡이, 리본, 색깔 등이 없다고 상상합니다. 다음으로 눈에 보이지 않는 차이점인 사용법, 가격 등도 없다고 생각합니다. 아이들은 다양한 차이점들을 모두 제거한 후 마지막에 남는 가장 공통적인 형태를 상상해봅니다. 이러한 생각의 과정을 '추상화'라고 합니다. 추상화의 결과는 교과서에 제시된 상자모양(직육면체)입니다. 추상화를 통해 생각해 낸 상자모양(직육면체)은 색도 질감도 없는 상상 속의 도형입니다. 도형을 포함한 수학적 개념들은 이러한 추상화를 통해 정의됩니다. 이렇게 약속된 수학적 개념들을 이용하여 원리와 공식들을 만들고, 이를 다시 문제 풀이에 이용하는 것이 수학입니다. 따라서 추상적 사고는 수학을 이해하는데 있어 핵심이 됩니다.

수학을 못하는 아이는 없다

  추상화 과정은 아이들의 자유로운 생각 속에서 이루어져야 합니다. 아이들은 사물들의 공통점과 차이점을 바탕으로 스스로 수학적 개념을 만들어가는 과정 속에서 수학 개념을 정확하게 이해 할 수 있기 때문입니다.

  그런데 아이들이 추상적 사고를 하는 것은 쉽지 않습니다. 앞에서 본 교과서의 공 모양을 다시 살펴볼까요? 초등학교 1학년 아이가 지구본, 축구공 등의 물건들을 살펴보고, 이들의 차이점을 머릿속으로 제거하는 과정에는 많은 시간과 노력이 필요합니다. 이러한 어려움 때문에 아이들은 도형을 학습할 때 추상적 사고를 통해 도형을 알아가는 것이 아니라, 비슷한 모양 찾기 활동으로 교과서 내용을 오해하기도 합니다. 상자 모양을 먼저 외우고, 이 모양과 닮은 모양을 찾는 것이지요. 추상적 사고가 어렵기 때문에 아예 시도조차 하지 않는 것이랍니다.

  그런데 이러한 생각의 과정보다 아이들을 더 힘들게 하는 것이 있습니다. 정답만을 강조하는 수학 수업이지요. 앞에서 살펴본 교과서를 다시 보면 이미 추상적 사고의 결과물을 보여주고 있습니다. 교과서에서는 아이들이 여러 가지 물건들을 살펴보고 탐구하고 생각하기 이전에 이미 냉장고, 선물 상자가 상자 모양과 같은 것이라고 알려주고 있습니다. 정답을 미리 알려주기 때문에 아이들은 추상적 사고를 할 필요가 없게 됩니다.

  그렇다면 추상적 사고를 어떻게 지도해야 할까요? 정답은 아이들을 믿고 아이들의 이야기를 들어주는 것입니다. 아이들은 추상적 사고를 경험하고 이 속에서 스스로의 창의적인 이야기들을 만들어갈 준비가 되

PART 2 아이들은 왜 수학을 어려워할까?

어있습니다. 아래 내용은 실제 초등학교 1학년 교실에서 진행된 수학 수업의 내용을 기록한 것입니다. 상자 모양과 관련된 수학 수업에서 아이들이 어떻게 추상적 사고를 하는지 살펴봅시다.

앞에 여러 가지 물건들이 놓여있지요? 이 물건들을 모양이 비슷한 것끼리 묶어볼까요? 어떻게 묶을 수 있을지 이야기해 봅시다.

선생님, 종이컵과 바구니가 같은 모양이고요. 나머지 두 개가 같은 모양이에요. 왜냐하면 종이컵과 바구니는 움푹 들어간 곳이 있는데요. 나머지 두 개는 들어간 곳이 없어요.

아, 교과서를 잘 보세요. 바구니는 상자 모양이랑 비슷하게 생겼고, 종이컵은 둥근 기둥 모양이랑 비슷하지요? 이렇게 상자모양, 둥근 기둥 모양으로 나누어야 해요. 교과서 그림을 잘 보면서 다시 해볼까요?

이 수업에서 아이가 발표한 내용은 틀린 것일까요? 상자 모양과 관련한 수업의 핵심은 입체도형의 형태를 지도하는 것이 아니라 아이들이 생활 속 여러 가지 물건들을 관찰해보고 공통점과 차이점 분석 한 후 차이점을 제거했을 때 가장 유사하게 나타날 수 있는 형태를 머릿속으로 추상화해보는 데 있습니다. 따라서 아이들은 이 수업에서 자신이 관찰한 내용을 토대로 다양한 수학적 사고를 펼칠 수 있어야 합니다. 그러나 선생님은 교과서에 나와 있는 방법이 아니면 틀린 생각이라고 이야기하고 있습니다. 이와 같은 수업 상황에서 아이들은 수학적으로 관찰하고 고민할 필요가 없습니다. 교과서와 다르면 틀린 것이기 때문에 교과서의 내용을 그대로 외우는 것만이 수학을 잘 하는 길이기 때문입니다.

사실 아이의 이야기는 수학적으로 틀렸다고 할 수 없습니다. 추상화로 인한 생각의 결과는 관점에 따라 달라지기 때문입니다. 예를 들어, 위상수학이라는 분야의 위상동형의 개념으로 생각하면 아이의 답변은 올바른 답이 될 수도 있습니다.

참고 자료

수학의 한 분야인 위상수학(위상기하학)에서는 입체도형을 자르거나 붙이지 않고, 구부리거나 늘려서 다른 형태로 변형할 수 있으면 이를 위상동형(位相同型)이라고 합니다. 예를 들어, 구멍이 1개 있는 손잡이가 있는 컵 모양과 도넛 모양은 위상 동형입니다. 아래 그림과 같이 손잡이가 있는 컵을 변형 시켜 도넛 모양을 만들 수 있기 때문입니다.

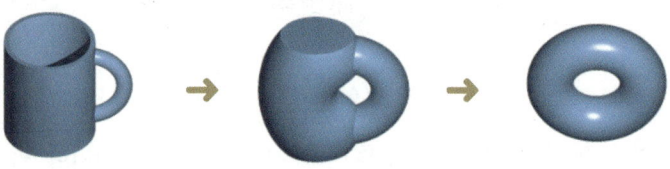

PART 2 아이들은 왜 수학을 어려워할까?

    위상수학에서 바구니와 종이컵은 서로 변형이 가능하므로 위상동형, 즉 같은 형태라 할 수 있습니다. 사실 제시된 물건들을 위상동형의 관점에서는 살펴보면 바구니, 종이컵, 원기둥 모형, 직육면체 모형 모두 상호간에 변형이 가능하므로 모두 같은 모양이라 할 수 있습니다. 이처럼 추상화 과정에는 정답이 없습니다. 자신의 생각을 논리적으로 뒷받침 할 수 있으면 추상적 사고를 훌륭하게 수행한 것입니다.

    추상적 사고는 수학을 이해하는데 핵심이라 할 수 있습니다. 도형 뿐 아니라 수학의 모든 개념들은 추상화 과정을 통해 만들어지기 때문입니다. 그러나 정답만을 이야기해야하는 수학 수업 속에서 아이들이 추상적 사고 과정을 경험하기는 어렵습니다. 논리적인 생각을 통해서 수학 개념 도출과 관련된 추상적 사고 과정을 경험할 수 있을 때, 아이들은 진정한 의미의 수학을 하게 되는 것입니다.

    아이들은 추상적으로 생각하는 것을 어려워할 수 있습니다. 그러나 다양한 생각을 인정하고, 토론 활동을 바탕으로 아이들이 추상적 사고 과정을 충분히 경험할 수 있도록 도와주어야 합니다. 생각할 기회를 주지 않고 정답을 외우도록 하는 것은 아이들이 영영 수학을 이해할 수 없도록 만들 수 있기 때문입니다.

수학을 못하는 아이는 없다

CHAPTER 2

눈으로 볼 수 없는 수학

아이들은 수학의 개념과 원리를 눈으로 확인할 수 없기 때문에 수학을 어려워합니다. 수학적 추상화 과정을 통해 생각해 낸 수학 개념들은 실제 생활에서 경험할 수 없고 머릿속에서만 존재하기 때문입니다. 이와같이 상상 속에서만 존재하는 수학의 특징을 '이상성(理想性)'이라고 합니다. 이상성은 실제 생활 속에서 일어날 수 없는 일들이 가능한 상상 속의 세계가 있다는 것을 가정합니다.

예를 들어, 도형 학습에서 가장 먼저 배우는 점(點)에 대해 생각해 볼까요? 점은 길이와 크기 없이 위치만 표시할 수 있는 수학 개념입니다. 현실 세계에서는 불가능한 일이지만, 수학적 이상성을 기반으로 한 수학 세계에서는 크기가 없는 점이 존재합니다. 실생활에서는 위치만 표시할 수 있는 점을 볼 수가 없습니다. 눈으로 볼 수 있는 점은 이미 크기를 가지고 있으니까요.

수학의 이상성은 아이들이 수학 개념들을 이해하는데 혼란을 일으킵니다. 점을 학습하는 과정을 알아보면서 아이들이 겪는 어려움을 살펴볼까요? 점에 대해 처음 학습하는 시기는 초등학교 때입니다. 초등학생들은 머릿속으로 점을 상상해야 하지만, '크기는 없는데 위치를 표시한다'

PART 2 아이들은 왜 수학을 어려워할까?

는 개념을 이해하기는 어렵습니다. 이 때문에 초등학교 수학 교과서에는 설명 대신 작은 까만 원을 제시하고, 이를 점이라고 설명합니다. 이 때문에 아이들은 점이 크기가 있다는 수학적 오개념을 가지게 됩니다. 눈으로 볼 수 있는 것은 크기가 있으니까요. 아래 그림은 초등학생이 그린 여러 가지 점입니다. 다양한 크기의 점들이 보입니다.

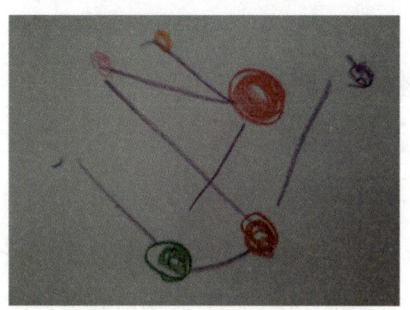

초등학생이 그린 다양한 크기의 점

점에 대한 수학적 오개념을 가진 아이들은 중·고등학생이 되었을 때 점은 크기가 없는 이상적인 공간의 개념이라는 것을 다시 이해해야 합니다. 중·고등학교에서는 수학적으로 정확한 점의 정의를 사용하니까요. 그런데 이미 점을 눈으로 본 아이들이 다시 점이 크기가 없다는 것을 이해하는 과정 역시 쉽지 않습니다. 그 자체의 개념을 이해하기도 어렵지만, 이미 가지고 있는 수학적 오개념이 점을 이해하는 데 걸림돌이 되는 것이지요.

그렇다면 처음부터 초등학생에게 점의 개념을 정확하게 지도하면 어떨까요? 안타깝게도 대부분의 초등학생들은 '점'의 정확한 정의를 이해할 수 없습니다. 나이에 따라 키와 몸무게가 증가하듯 수학적 개념을 이해할 수 있는 이해의 수준도 성장하기 때문입니다. 초등학생들은 아직 점의 개념을 이해할 정도로 생각의 수준이 발달하지 못했습니다.

피아제는 나이에 따라 이해 수준의 발달 단계가 다르다고 주장했습니다. 피아제에 따르면 0~2세는 자신의 감각기관(눈, 입)으로 사물을 파악하는 감각운동기, 2~7세는 자기중심적인 사고를 하는 전조작기, 7~12세는 관계에 대해 이해할 수 있는 구체적 조작기, 12~15세는 추상적 사고가 가능한 형식적 조작기입니다.

학교에서 수학을 학습하게 되는 7~12세 아이들은 피아제의 인지 발달 단계 중 구체적 조작기에 해당합니다. 이 시기의 아이들은 손이나 눈과 같은 신체의 감각 기관을 통해 직접 관찰이 가능한 구체적 사물이나 실생활 장면을 통해 학습 내용을 이해합니다. 즉, 점을 그려서 보여주어야만 점을 이해할 수 있습니다. 수학적 개념을 머릿속으로 상상해서 이해할 수 있는 나이는 12세 이후, 형식적 조작기에 해당하는 중·고등학교 시기입니다. 즉, 개인적인 차이가 있겠지만 12세가 지나야 크기가 없는 점의 개념을 이해할 수 있게 됩니다.

이와 같이 수업 내용과 발달 단계가 맞지 않기 때문에 아이들은 수학적 오개념을 갖게 됩니다. 수학적 이상성을 이해할 수 있는 나이가 될 때까지 기다렸다가 수학을 지도하자는 주장도 있습니다. 하지만 일상생활에서 수학이 사용되는 것을 감안할 때, 중학생이 될 때까지 수학을 가르치지 않는다는 것은 현실적인 어려움이 있습니다.

이러한 문제점을 최소화하고 아이들에게 수학의 이상성을 경험하게 해 주기 위해서 어떤 노력이 필요한지 생각해 봅시다. 아이들이 수학

PART 2 아이들은 왜 수학을 어려워할까?

개념들을 혼란 없이 이해할 수 있도록 돕기 위해서는 자유로운 질문과 토의 과정이 선행되어야 합니다. 이를 통해 아이들은 현재 배우는 수학 내용이 틀릴 수 있다는 점을 이해하고, 문제점들을 계속 탐구하고자 하는 의지를 갖게 됩니다. 예를 들어, 초등학생들에게 다양한 크기의 점을 그려주고 점의 크기가 있다면 어떤 문제점이 생기게 될지 질문할 수 있습니다. 아이들은 점이 크기가 있을 경우, 점과 점을 연결할 때 점의 어느 부분을 연결하느냐에 따라 선이 다르게 그려지는 문제점을 스스로 찾아낼 것입니다.

점이 클 경우 점의 연결 부분에 따라 선이 다르게 그려집니다.

점이 크기가 있을 때의 문제점

정확한 선을 그리기 위해서는 점의 크기가 작을수록 좋습니다. 이때, 점은 우리의 상상 속에서 크기가 없는 형태까지 줄어들 수 있다는 점을 아이들 스스로 생각해낼 수 있어야 합니다.

아이들이 수학을 배울 때 질문하고, 탐구하고, 의심을 갖는 것은 수학의 이상성을 이해하기 위해 꼭 필요한 과정입니다. 또한 이러한 활동을 통해 수학적 오개념을 예방할 수 있습니다. 수학적 개념들은 분명 이해하기 어려운 특징들을 가지고 있습니다. 하지만 충분한 시간과 노력이 뒷받침 된다면 모든 아이들은 누구나 뛰어난 수학자가 될 수 있답니다.

수학을 못하는 아이는 없다

CHAPTER 3

한 번 놓치면
따라갈 수 없는 수학

선생님, 우리 아이는 왜 1학년 덧셈과 뺄셈을 제대로 하지 못할까요? 어떻게 가르쳐야 할지 너무 속상해요.

학부모님, 조금 더 시간이 필요한 아이가 있어요. 지금은 못하지만 중학생 중에서 덧셈, 뺄셈 못하는 아이는 없잖아요. 조금 더 기다리셨다가 가르치셔도 돼요.

1학년인데 벌써 수학 수업을 못 따라가면 어떻해요. 수학은 한 번 놓치면 계속 못한다고 하던데요.

많은 부모님들이 자녀가 한 번 수학 학습을 따라가지 못하면 고등학생이 될 때까지 계속 수학을 못하게 되는 것은 아닌지 두려워 합니다. 이러한 걱정은 수학의 '계통성(系統性)'이라는 특징 때문에 생기게 됩니다. 계통성이란 앞에서 배운 학습 내용과 그 다음에 배우는 학습 내용이 연결되어 있는 것을 뜻합니다. 초등학교에서 배운 기초 수학 개념

PART 2 아이들은 왜 수학을 어려워할까?

을 토대로 중·고등학교의 복잡한 수학 개념을 이해하게 되는 것이지요.

예를 들어, 수(數)에 대해 학습하는 과정을 살펴봅시다. 아이들은 초등학교에서 숫자 쓰는 법과 함께 십진법의 개념에 대해 배우게 됩니다. 이를 토대로 중·고등학교에서는 이진법, 오진법 등과 같은 다양한 진법을 학습합니다. 따라서 초등학생 때 십진법의 개념을 제대로 이해하지 못하면 이후 수와 관련한 수학 학습을 진행하는데 어려움을 겪게 됩니다.

초등학교 1학년 아이들이 십진법의 개념을 이해할 수 있는가라는 의문은 잠시 접어두고 계통성에 대해 더 알아봅시다. 아이들이 초등학교 1학년 과정에서 십진법의 개념을 모두 잘 이해했다고 가정하더라도 또 다른 어려움이 있습니다. 이 어려움은 수학의 계통성을 바탕으로 한 수학 교육과정 때문에 발생합니다. 수학 교육과정은 아래 그림과 같이 아이들이 이전 학년에서 학습한 수학 개념들을 완벽히 알고 있다는 가정 하에 새로운 수학 개념을 지도하도록 구성되어 있습니다.

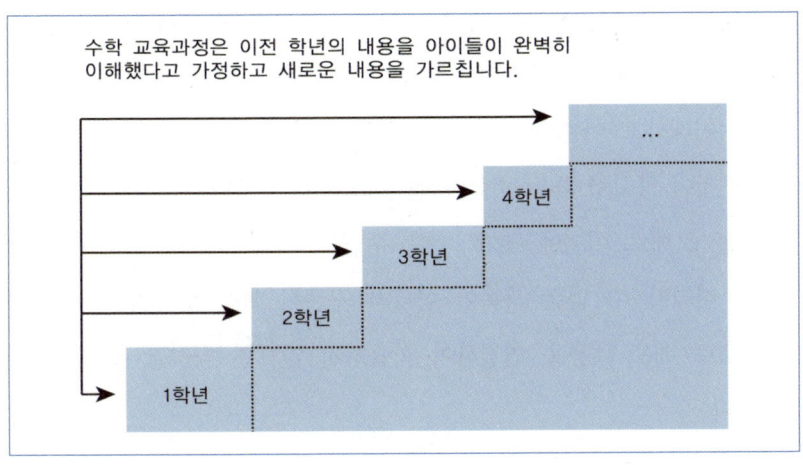

단계형 교육과정

수학을 못하는 아이는 없다

    지금 수학 교육과정에서는 선생님들이 기존에 배운 내용을 다시 지도 해야할 의무가 없습니다. 과거에 배운 내용을 기억해서 새로 학습하는 수학 개념과 연결하는 것은 모두 아이들의 몫입니다. 그런데 몇 달 전, 심지어 몇 년 전 배운 수학 수업 내용을 모두 기억하는 아이가 몇 명이나 될까요? 초등학생 때 배운 십진법의 개념을 모두 이해해서 중학교 과정의 이진법을 쉽게 이해하는 일이 가능할까요? 지금의 수학 교육과정에서는 과거에 배운 수학 내용을 잊어버린 혹은 그 당시에 제대로 학습하지 못한 아이들이 새로운 수학 내용을 제대로 학습하는 일이 불가능합니다. 부모님의 걱정대로 '한 번 놓치면 따라갈 수 없는 수학'이라는 말이 이 때문에 생긴 것이지요.

    아이들이 수학의 계통성으로 인한 어려움을 극복하기 위해서는 복습이 중요합니다. 앞에서 살펴본 것과 같이 수학 교육과정은 과거에 배운 내용을 토대로 새로운 수학 개념을 지도합니다. 따라서 배운 내용에 대해 확인하는 과정은 새로운 개념을 학습하기 위해 꼭 필요합니다.

    또한 아이들이 기존에 배운 수학과 앞으로 배울 내용이 무엇인지를 정확히 이해하고 이를 연결하여 설명해 줄 수 있는 선생님에게 수학을 배우는 것이 중요합니다. 수학을 잘 지도하는 선생님은 아이가 알고 있는 것을 토대로 아이에 맞게 수학 수업을 계획합니다. 수학은 한 번 놓치면 따라갈 수 없는 과목이 아니라 꾸준히 복습하고 알고 있는 내용과 새로 배운 내용을 연결하여 학습하지 않으면 따라갈 수 없는 과목입니다.

PART 2 아이들은 왜 수학을 어려워할까?

CHAPTER 4

공통점을 찾아야 하는 수학

수학은 관찰을 통해 일반적인 규칙과 원리를 발견하는 학문입니다. 이러한 수학의 특징을 '일반성(一般性)'이라고 합니다. 수학은 일반성을 바탕으로 다양한 형식을 만들어 냅니다. 다음의 예를 통해 일반성에 대해 알아봅시다.

수학을 못하는 아이는 없다

위 그림에서 아이는 다면체(多面體)*의 공통점은 무엇인지, 그리고 그 공통점을 수학적으로 어떻게 나타낼 수 있는지 고민하고 있습니다. 아이와 같은 생각을 했던 수학자가 있지요. 바로 스위스의 수학자 오일러(Leonhard Euler)입니다. 오일러는 다면체들의 꼭짓점, 모서리, 면의 개수 사이의 관계를 수식으로 나타냈습니다. 이를 오일러의 공식이라고 합니다. 오일러의 공식은 다면체에서 꼭짓점의 개수를 V(Vertex), 모서리의 개수를 E(Edge), 면의 개수를 F(Face)라고 했을 때, 아래 표와 같이 모든 다면체에서 $V-E+F=2$가 성립한다는 것입니다.

	면의 모양	한 꼭짓점에 모인 면의 개수	꼭짓점의 개수(V)	모서리의 개수(E)	면의 개수 (F)	V-E+F (오일러의 법칙)
정사면체	정삼각형	3개	4개	6개	4개	4-6+4=2
정육면체	정사각형	3개	8개	12개	6개	8-12+6=2
정팔면체	정삼각형	4개	6개	12개	8개	6-12+8=2
정십이면체	정오각형	3개	20개	30개	12개	20-30+12=2
정이십면체	정삼각형	5개	12개	30개	20개	12-30+20=2

오일러 법칙

---

* 평면 다각형으로 둘러싸인 입체도형으로, 사면체, 오면체 등이 이에 포함됩니다.

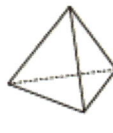

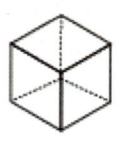

사면체   오면체   육면체

PART 2 아이들은 왜 수학을 어려워할까?

    오일러는 다면체의 꼭짓점, 모서리, 면 사이의 관계 분석을 토대로 모든 다면체에 적용할 수 있는 법칙을 찾아 이를 V-E+F=2와 같이 수학적 공식으로 '일반화'하였습니다. 수학은 이처럼 일반적으로 적용될 수 있는 공식과 원리를 찾아내는 것을 중요하게 다루는 '일반성'의 특징을 가진 교과입니다.

    수학의 '일반성'은 수학적 원리와 공식을 만드는 바탕이 됩니다. 수학의 원리와 공식은 단순히 복잡한 수학 문제 해결을 위해 필요한 것이 아닙니다. 따라서 수학을 지도할 때 아이들이 일반성의 의미를 이해하도록 하는 것이 중요합니다. 수학 원리나 공식의 의미를 모르고 무조건 암기하여 수학 문제를 해결하려 하기 때문에 아이들이 수학을 어렵게 느끼는 것입니다. 수학을 이해하지 못하고 암기한 아이들은 외운 공식에서 조금만 다른 형태의 문제가 나오면 어떻게 풀어야 하는지 모르게 됩니다. 또한 수학을 암기하는 습관을 가진 아이들은 모든 문제와 공식을 다 풀어볼 수 밖에 없고 이 과정에 지쳐 결국 수학을 포기하게 됩니다. 오일러의 법칙을 외워서 아래와 같은 문제를 해결하는 것이 아이들의 수학적 능력을 향상시키는 것인지에 대한 고민이 필요합니다.

> **문제**
>
> 어떤 다면체가 있습니다. 다면체의 면은 6개, 모서리는 12개라면 그 다면체의 꼭짓점의 개수는 몇 개 입니까?

수학을 못하는 아이는 없다

   수학의 일반성과 관련하여 수학 수업에서 아이들에게 가르쳐 주어야 할 것은 '어떻게 여러 가지 현상을 관찰하여 일반화할 수 있는가'와 관련한 생각하는 방법입니다. 수학 원리와 공식을 외워서 문제를 해결하는 것보다 그 원리와 공식이 어떻게 일반화되었는지에 대한 과정의 탐구가 중요한 것이지요. 오일러 공식은 그 자체보다 그 공식이 확장되어 도형의 성질을 구분하는 과정에 활용되는데 그 수학적 의의가 있습니다.

참고 자료 ★ ★ ★ ★ ★ ★

<오일러 공식>의 확장

입체도형의 면을 F(Face), 꼭짓점을 V(Vertex), 모서리를 E(Edge)라 한다면, 주어진 면, 혹은 곡면에 대한 V-E+F 값을 오일러 특성 값이라고 부르고 χ (카이)라고 읽습니다. 이 값은 위상동형인 도형들, 즉 한 도형을 고무처럼 생각해서 늘이거나 줄여서 만들 수 있는 다른 도형들에 대해서는 항상 같은 값이 나옵니다.

구와 위상동형인 다면체(예. 정사면체, 정육면체 등)에 대해서는 'F+V-E=2'라는 공식이 성립합니다. 만약 도넛 모양과 같이 구멍이 1개 있는 도형과 위상동형인 다면체가 있다면 'F+V-E=0'의 공식이 적용됩니다. 반면 평면도형의 경우 꼭짓점을 V, 모서리를 E, 면(도형 안쪽 부분)을 F라고 하면 F+V-E=1이 됩니다. 이를 증명하는 것은 중학교 아이들의 수학 수준에서는 어렵기 때문에 교육과정에서는 구와 위상동형인 다면체만 소개하고 있습니다.

   일반화에 대한 이해는 수학을 발전시키고, 나아가 사회·문화의 원리를 찾아내는데 바탕이 됩니다. 그러나 수학적 일반화 과정에 대해 아이들이 이해하는 것은 쉬운 일이 아닙니다. 관찰하는 대상의 공통점과 차

PART 2 아이들은 왜 수학을 어려워할까?

이점에 대해 오랫동안 생각하고, 이를 수학적으로 표현해보는 연습이 필요합니다. 아이들이 수학자처럼 완벽한 공식을 만들지 못해도 상관없습니다. 공식을 만드는데 어려움을 겪는다면 그 이유는 무엇인지에 대해 생각해 보는 것 자체로 교육적 의의가 있습니다. 중요한 것은 일반화된 공식을 단순히 암기하는 것은 수학 교육을 하는 이유가 될 수 없다는 점입니다.

수학을 못하는 아이는 없다

CHAPTER 5

상황에 따라 달라지는 수학

앞 장에서 살펴본 수학적 일반화는 관찰과 분석을 통해 수학의 일반적 원리를 발견하고 이를 수식으로 표현하는 것을 나타냅니다. 그런데 수학에는 이와 반대로 일반화된 수학 공식이 상황에 따라 의미가 달라지는 특성이 있습니다. 이를 수학의 '특수성(特殊性)'이라고 합니다.

예를 들어, 곱셈식 '5×3=15'를 생각해봅시다. 간단한 곱셈식이지만, 곱셈식이 등장하는 상황에 따라 그 수학적 의미가 달라집니다. 우선 초등학교 저학년 시기에 곱셈식을 처음 배우는 단계를 살펴봅시다.

껌이 한 통에 5개씩 들어 있습니다. 껌은 모두 몇 개 인지 알아봅시다.

☐ 붙임 딱지를 붙이고 껌의 수를 5개씩 세어 보시오.

☐ 껌 3통에는 껌이 모두 몇 개 있습니까?

5 × 3 = ☐

곱셈식의 학습 과정

PART 2 아이들은 왜 수학을 어려워할까?

위의 그림에서 곱셈식을 동수누가(同數累加)의 개념으로 약속하고 있습니다. 동수누가란 같은 수를 여러 번 더하는 것을 뜻합니다. 같은 수를 여러 번 더하는 것을 간단하게 나타내기 위해 곱셈 기호가 등장하는 것이지요. 아이들은 같은 수를 반복해서 더하는 것을 수학에서는 간략하게 곱셈 기호(×)로 나타낸다고 이해합니다. 위 그림에 담겨진 곱셈의 의미는 아래와 같습니다.

> 동수누가
> 5+5+5=15 ➡ 곱셈식: 5×3=15

곱셈식의 의미와 도입

도형의 넓이를 배울 때에도 곱셈식이 사용됩니다. 하지만 곱셈식의 의미가 달라집니다. 넓이에 사용되는 곱셈식의 의미를 이해하기 전에 우선 넓이를 어떻게 측정하는지 확인해봅시다. 길이를 잴 때는 자를 사용하지요? 자에는 cm가 눈금으로 표시되어 있습니다. 5cm는 길이의 기준이 되는 단위 길이(1cm)가 다섯 번 들어있다는 뜻입니다. 넓이를 구하는 방법도 이와 같습니다. $5cm^2$는 넓이의 기준이 되는 단위 넓이($1cm^2$)가 다섯 번 들어있다는 것을 나타냅니다.

이제 다시 넓이에 사용되는 곱셈식의 의미로 돌아와 봅시다. 직사각형의 넓이를 구할 때 '(가로의 길이)×(세로의 길이)'라는 곱셈식을 사용합니다. 이 때, 곱셈식은 동수누가의 개념이 아니라 아래 그림과 같이 단위 넓이($1cm^2$)의 개수를 구하는 방법을 의미합니다. 즉, '5×3=15'의 의미는 단위 넓이가 한 줄에 다섯 개씩 세 줄이 있다는 뜻입니다.

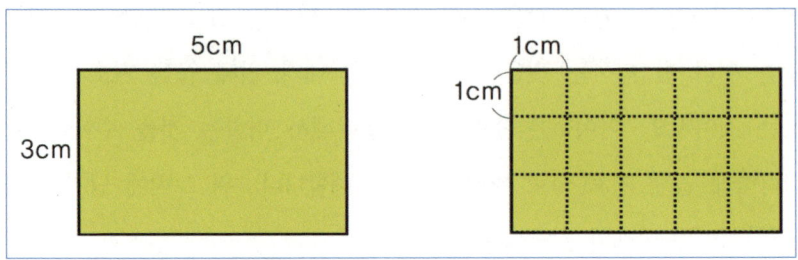

넓이를 구할 때 사용되는 곱셈식의 의미

경우의 수를 구할 때 사용하는 곱셈식은 앞에서 살펴본 동수누가, 넓이와는 또 다른 곱셈 상황을 보여줍니다. 경우의 수와 관련하여 다음의 문제의 답을 구하는 방법을 생각해 볼까요?

> 서로 색이 다른 티셔츠 다섯 벌과 서로 색이 다른 반바지 세 벌이 있습니다. 티셔츠와 반바지를 하나씩 짝을 지어서 서로 다르게 입을 수 있는 모든 경우의 수를 구하세요.

이 문제는 곱셈식 '5×3=15'로 풀 수 있습니다. 티셔츠 한 벌 당 입을 수 있는 반바지 종류가 세 가지 이므로, 티셔츠 다섯 벌에는 각각 세 개의 반바지를 짝지어 입을 수 있습니다. 따라서 서로 다르게 티셔츠와 반바지를 짝지어 입을 수 있는 경우의 수는 15입니다.

PART 2 아이들은 왜 수학을 어려워할까?

경우의 수 구하는 방법

 이와 같이 동일한 곱셈식이어도 학년과 배우는 영역에 따라 그 의미가 완전히 달라집니다. 곱셈식은 도형의 넓이를 구할 때 사용하는 것이라 생각했던 아이가 갑자기 경우의 수를 구할 때 곱셈식을 사용해야 한다면 당연히 이해하기 어렵겠지요?
 수학의 특수성은 곱셈의 경우처럼 여러 학년에 걸쳐 찾을 수 있기도 하지만 한 시간 안의 수업에서도 나타납니다. 이러한 수학의 특수성 때문에 아이들은 문장으로 되어있는 수학 문제를 풀 때 어려움을 느끼기도 합니다. 예를 들어, 다음 나눗셈 문제들을 살펴볼까요?

수학을 못하는 아이는 없다

문제 1

20개의 사탕을 아이 4명에게 똑같이 나누어 주었을 때 한 명이 가지게 되는 사탕은 몇 개입니까?

문제 2

20개의 사탕을 친구들에게 5개씩 주었더니 사탕은 하나도 남지 않았습니다. 모두 몇 명에게 주었을까요?

<문제 1>과 <문제 2>는 모두 나눗셈 식을 사용하여 답을 구할 수 있습니다. 그런데 두 문제의 수학적 상황은 전혀 다르답니다. 문제 1은 똑같이 나누어주는 상황을 나타냅니다. 반면 문제 2는 사탕 20개에 사탕 5개가 몇 번 들어갈 수 있는가를 묻고 있습니다. 이를 그림으로 나타내면 아래와 같습니다. 같은 나눗셈이어도 의미하는 상황은 서로 다릅니다.

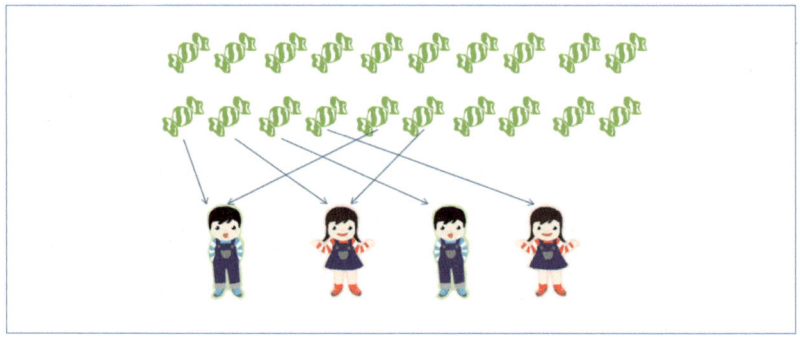

<나눗셈 문제 1>의 수학적 상황

PART 2 아이들은 왜 수학을 어려워할까?

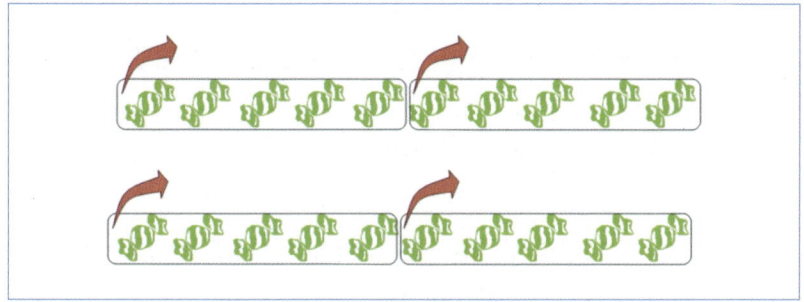

〈나눗셈 문제 2〉의 수학적 상황

나눗셈을 처음 배우는 아이들 중 대다수가 <문제 1>은 나눗셈으로 풀 수 있다는 것을 쉽게 이해하는 반면 <문제 2>는 어려워합니다. '나눗셈'이라는 용어 자체가 '똑같이 나눈다'라는 상황을 떠올리게 하기 때문이지요. <문제 2>에서는 같은 수를 반복해서 **빼는** 상황을 나눗셈 식으로 나타내야 합니다. 아이들은 두 가지 상황 모두 나눗셈 식으로 표현될 수 있다는 것에 혼동을 느낄 수 밖에 없습니다.

<문제 1>과 같이 '똑같이 나눈다'에만 집중하여 나눗셈의 의미를 이해하면 이후 분수(分數)를 학습할 때 분수와 나눗셈의 차이를 구별 하지 못하는 문제가 생깁니다. 분수 역시 문제 상황에 따라 의미가 달라지는 특수성이 있기 때문입니다. 분수는 그 자체로 수를 나타내기도 하지만 나눗셈의 몫을 나타내기도 하고, 비율을 표현하기도 합니다.

수학을 못하는 아이는 없다

$$= \frac{3}{5} \qquad 3 \div 5 = \frac{3}{5} \qquad 3:5 = \frac{3}{5}$$

분수의 다양한 의미

하나의 공식이 다양하게 사용되는 수학적 특수성으로 인해 아이들은 혼란을 느끼게 됩니다. 공식을 열심히 암기한 아이일수록 다른 상황에 사용되는 공식이 더 이해하기 어렵게 되는 것이지요. 따라서 수학을 학습할 때에는 수학의 특수성을 바탕으로 다양한 관계에 대해 정확하게 이해해야 합니다.

PART 2 아이들은 왜 수학을 어려워할까?

맺는 말

이 장에서는 아이들로 하여금 수학을 어렵다고 느끼게 만드는 수학의 다양한 특징들에 대해 알아보았습니다. 이러한 특징들은 수학을 특별한 교과로 만들지만 동시에 아이들이 수학을 어려워하는 원인이 됩니다. 따라서 수학을 지도할 때에는 아이들이 어려움을 느낄 수 있는 수학의 특징에 대한 이해를 토대로 아이들의 혼란을 최소화 할 수 있도록 노력해야 합니다.

특히 이 장에서는 아이들의 인지 발달 단계가 학교 수업 시간의 내용과 맞지 않을 수 있다는 점을 확인하였습니다. 아이들은 추상적인 수학 개념을 이해할 수 있는 나이가 되기 전에 수학을 배우기 때문에 수학 개념을 잘 못 받아들이거나 아예 이해하지 못하는 문제점들이 생길 수 있습니다. 따라서 어린 아이에게 수학을 지도할 때에는 아이들이 잘 못 이해할 수 있는 부분까지 충분히 고려하여 신중하게 접근해야 합니다. 또한 이 후에는 이전 학년에서 배운 내용 중 아이들이 제대로 이해하지 못한 부분을 어떻게 다시 지도해야 할지에 대한 고민이 필요합니다.

수학을 못하는 아이는 없다

PART 3

수학,
왜
공부해야
하나?

수학을 못하는 아이는 없다

들어가는 말

선생님, 수학을 왜 해야 하나요? 그냥 계산기 누르면 답이 다 나오는데 왜 이 문제들을 풀고 있어야 하는지 모르겠어요. 너무 하기 싫어요.

수학을 배우면 논리적으로 생각할 수 있는 힘이 길러진단다. 그리고 수학의 공식들이 얼마나 아름다운데. 그 원리를 이해하면 너도 수학이 좋아질 거야.

매일 문제만 푸는데 뭐가 아름다운지 모르겠어요. 공식 외워서 문제 푼다고 논리력이 길러지는 것 같지도 않아요. 논리력은 논술 시간에 배우는 게 아닌가요?

아..그건..

PART 3 수학, 왜 공부해야 하나?

'수학은 왜 해야 하나?'

수학을 어려워했던 어른들, 그리고 지금 학교에서 한숨을 쉬며 수학을 공부하고 있는 많은 아이들이 한 번쯤 떠올렸던 질문일 것입니다. 전자계산기를 사용하면 빠르고 정확하게 답을 구할 수 있는 수학 문제들을 왜 복잡하게 연필로 풀어야 하는지 답답한 생각이 듭니다. 작은 실수로 답이라도 틀리면 정말 속상하지요. 수학을 하면 논리적 사고력과 문제 해결력을 기를 수 있다지만 수학을 어려워하는 아이들을 설득하기에는 부족합니다.

사실 그동안 수학 교육이 강조되었던 것과는 달리 왜 수학을 해야 하는지에 대한 고민과 토론은 거의 이루어지지 않았습니다. 이 장에서는 반복적인 계산 연습의 문제는 무엇인지 살펴봅니다. 또한 우리가 수학을 왜 배워야 하고 가르쳐야 하는지에 대해 생각해보고자 합니다.

수학을 못하는 아이는 없다

CHAPTER 1

계산 연습, 꼭 해야 할까?

 TV에서 보면 외국 학교의 수학 수업에서는 아이들이 전자계산기를 거리낌 없이 사용합니다. 간단한 계산도 계산기를 누르는 아이들의 모습이 걱정도 되지만, 한편으로는 부럽기도 합니다. 외국의 아이들은 수학 수업 시간 뿐 아니라 수학 시험 시간에도 전자계산기를 사용합니다. 또한 복잡한 함수를 계산할 수 있는 전문 공학 계산기 사용법을 중·고등학교 수업 시간에 배우고, 이를 이용해 수학 문제를 풀지요.
 우리나라에서도 이미 2000년부터 수학 수업에서 계산기 사용을 권

PART 3 수학, 왜 공부해야 하나?

장하고 있습니다. 그러나 아이들의 수학적 계산 능력이 떨어지는 것을 염려하는 선생님과 부모님들의 걱정으로 계산기가 실제로 사용되고 있지는 않습니다. 수학 수업 시간에는 계산기를 사용해도 시험 시간에는 사용할 수 없다는 점 역시 계산기를 사용하지 않는 주요한 이유입니다.

지금 이 순간에도 전국에 수많은 아이들은 정확한 계산 능력을 기르기 위해 반복적으로 문제를 풀면서 계산 실수를 줄이려고 노력하고 있습니다. 그런데 계산 연습을 반복적으로 하는 것이 정말 수학 공부를 하는데 중요할까요? 계산기를 사용하는 외국의 아이들의 수학 능력이 우리나라 아이들보다 떨어질까요? 왜 계산기를 사용하면 안 되는 걸까요? 우리가 아이들에게 수학 시간에 바라는 것은 계산기 없이 정확하고 빠르게 문제를 푸는 능력일까요? 계산기와 관련한 이와 같은 질문들은 우리가 수학 교육을 해야 하는 이유와 밀접한 관련을 가지고 있습니다. 따라서 수학 교육의 목표에 대해 생각해보기 전에, 왜 우리가 지금과 같이 정확한 계산을 수학 수업에서 중요시 여기게 되었는지를 먼저 생각해 보고자 합니다. 우리가 그동안 수학을 이해했던 방식을 확인하는 것은 우리의 수학 교육에서 부족한 점을 찾는데 중요한 단서를 제공해 줄 수 있습니다.

수학 시간에 정확한 계산과 문제풀이를 강조하게 된 이유를 수학 교육이 도입된 역사적 배경을 통해 생각해 봅시다. 지금과 같이 학교에서 수학 수업을 실시하게 된 시기는 일제강점기입니다. 일제강점기에는 외형상으로는 근대적 학교 체제를 갖추었지만, 내용적으로는 일본의 통치를 수월하게하기 위한 식민지 교육이 주를 이루었습니다. 그러나 당시

수학을 못하는 아이는 없다

의 시대적 배경과 교육을 접근하는 방식은 우리가 수학 교육을 바라보는 관점, 그리고 수학 교육의 목표를 설정하는 방법에 많은 영향을 미쳤습니다.

우리나라는 일제강점기를 지내면서 급격한 근대화 과정을 겪게 됩니다. 이 시기에 왕과 양반을 중심으로 한 조선시대의 신분제도가 급속히 무너지게 되지요. 사람들은 신분이 아니라 자신의 노력으로 좋은 직업을 가질 수 있게 되었습니다. 그리고 좋은 직업을 갖게 되는 가장 공정한 기준을 학력이라고 생각하게 되었습니다. 따라서 더 나은 학력은 더 높은 사회적 지위를 얻기 위한 수단이 되었습니다.*

---

* Dore(1983)[13]는 이러한 사회적 현상을 졸업장 열병(Diploma Disease)라고 설명하였습니다.

PART 3 수학, 왜 공부해야 하나?

 이러한 시대적 배경 속에서 수학은 아이들의 학업 수준을 가장 객관적으로 평가할 수 있는 교과목으로 사람들에게 인식되었습니다. 수학은 정답이 확실하다는 생각 때문이었지요. 따라서 수학 문제 풀이에 있어 사소한 계산의 실수, 교과서에서 인정하지 않는 다른 문제풀이 접근 방법의 시도는 틀린 답으로 여겨졌습니다.

 광복 이후 미국 교육 체제의 영향을 받으면서 정확한 계산을 강조하는 수학 교육 방법은 더욱 강조되었습니다. 대한민국 정부가 수립되지 않았던 3년 동안 미군정*에 의해 우리나라 학교 교육이 운영되었습니다. 이 시기에 미국은 세계 대전을 겪으면서 사회 발전에 필요한 인력을 효율적으로 양성하는 방법에 주목하고 있었고, 교육은 인재 양성의 중요한 방법으로 여겨졌습니다.[14] 특히 구소련과의 대립을 중심으로 한 냉전시대가 지속되면서 미국은 상대 국가보다 발전된 과학 기술을 보유하기 위해 교육에 많은 투자를 하였습니다.[15]

 이 시기에 수학자들은 새로운 수학 공식과 원리를 연구하기도 했지만, 동시에 수학 공식을 많이 외워서 복잡한 계산식을 풀어야만 했습니다. 최초의 자동식 계산기가 1944년 하버드 대학에서 개발되었고, 최초의 컴퓨터는 1945년 펜실베이니아 대학에서 개발된 ENIAC임을 감안해보면 당시 수학자들의 모습과 역할을 상상할 수 있을 것입니다.

 당시 미국 교육 흐름에 직접적인 영향을 받은 우리나라 수학 교육 역시 과학기술발전에 실질적으로 도움이 되는 인재 양성에 목적을 두었

---

* 1945년 일본의 항복으로 삼팔선(한반도 북위 38°선) 이남 지역에 미군이 주둔하였습니다. 이후 9월 8일부터 1948년 8월 15일 남한단독정부가 수립되기까지 3년 동안 미국 군대에 의해 우리나라 정부가 운영되었습니다.

습니다. 물론 광복과 한국전쟁 이후 망가진 국가를 다시 부흥시켜야 한다는 사회적 요구도 수학 교육에 영향을 주었지요. 이는 미국의 수학 교육의 흐름에서 벗어나 있던 유럽의 국가들이 철학적 사고를 바탕으로 수학 자체의 의미와 문제해결의 다양한 접근 방법을 중시하며 수학 교육을 발전시켜온 것과는 다른 모습입니다.

광복, 미군정 시기, 한국전쟁 등 특수한 사회적 상황들이 이어지면서 수학은 가장 객관적인 과목, 정답만을 이야기해야 하는 과목으로 사람들에게 인식되었습니다. 또한, 정확한 평가를 위해서 아이들은 복잡한 계산을 계산기 없이 해결해야 했지요. 문제는 한국전쟁 이후 우리나라 수학 교육에 많은 영향을 주었던 미국 조차 그동안의 수학 교육 방법을 반성하고 새로운 교육법을 찾기 위해 노력한 반면, 우리나라는 아직도 수학이 정답을 찾아야 하는 과목으로 믿고 있다는 점입니다.

물론 우리나라 수학 교육도 2000년대에 접어들어 실생활 중심의 수학, 이야기를 바탕으로 한 수학(스토리텔링 수학), 다양한 수학 학습 자료들을 도입한 수학 수업 등 수학 수업의 방식을 바꾸기 위한 많은 노력들이 있었습니다. 하지만 외형을 바꾼다고 수학 수업에 대한 인식이 변하는 것은 아닙니다. 수학 문제를 만든 사람이 원하는 답을 적어야 수학을 잘한다고 인정받는 지금의 수학 교육에 대한 관점이 바뀌지 않는 한 반복적인 계산 연습은 없어지지 않을 것입니다.

수학을 바라보는 관점과 목표를 설정하는 방법은 다양합니다. 우리나라와 달리 외국의 수학 수업에서 아이들이 전자계산기 사용하는 것은 '수학을 잘 하는 아이'를 바라보는 방식이 우리와 다르기 때문입니다.

PART 3 수학, 왜 공부해야 하나?

단순히 계산을 정확히 잘 하는 아이가 수학을 잘 한다고 생각하지 않는 것이지요. 그런 것들은 계산기나 컴퓨터가 대신 해 줄 수 있다고 생각합니다. 그렇다면 복잡한 계산을 잘 하는 것 이외에 아이가 수학을 잘 한다고 인정할 수 있는 기준은 무엇일까요?

지금부터 우리는 수학이 가지고 있는 여러 가지 가치에 대해 생각해 보도록 하겠습니다. 수학의 다양한 가치 중 어떤 부분에 주목하는가에 따라 수학 교육의 목표가 달라질 수 있습니다. 그동안 우리 수학 교육은 정확한 계산 능력이라는 가치에 주목해왔습니다. 다른 가치에는 무엇이 있는지, 그리고 이를 통해 수학 교육을 어떻게 해야 하는지에 대해 고민해보도록 하겠습니다. 수학의 가치와 목표는 수학을 어떻게 바라보는가와 관련되어 있습니다. 이어지는 장에서는 수학을 바라보는 여러 가지 관점에 대해 살펴봅니다.

수학을 못하는 아이는 없다

CHAPTER 2
수학적 논리력을 키우는 수학

　수학을 잘하면 논리적 사고력이 좋아집니다. 논리적 사고력은 단순히 수학 문제를 순서대로 잘 풀어나가는 것뿐만 아니라 수학 개념을 이해하는데 필요합니다. 이와 같이 주장하는 수학교육자들은 수학은 그 자체로 완벽하고, 논리적 사고를 통해서만 이해할 수 있다고 이야기합니다.* 이들은 수학 개념과 원리들이 사람들이 만들기 전에 이상적인 상상 속 공간에 이미 존재하고 있다고 믿습니다. 따라서 수학 개념과 원리는 사람들에 의해 창조되지도, 변화되지도 않습니다. 오로지 논리적인 생각을 통해서 수학 개념을 이해할 수 있는 것이지요.

　그렇다면 아이들은 어떻게 논리적 사고(思考)를 통해 수학 개념을 이해할 수 있을까요? 수학 개념을 이해하기 위한 논리적 사고는 일상생활 속에서 볼 수 있는 수학적 상황이나 모델**들의 문제점을 찾는 것에서부터 시작합니다. 아이들은 실생활 속에서 수학적으로 이상한 상황들을 보면서 혼란을 느낍니다. 예를 들어, 앞에서 살펴보았던 점(點)의

---

* 이러한 주장을 하는 수학자, 수학교육자들은 '플라톤주의'를 기반으로 합니다.[16]
** 일상 생활의 모습을 수학적으로 표현한 수학적 형태입니다.

PART 3 수학, 왜 공부해야 하나?

크기에 대해 다시 생각해봅시다. 아이들이 실생활에서 볼 수 있는 점은 크기가 있습니다. 그런데 점이 크기를 가지고 있으면 두 점을 직선으로 연결할 때 점에서 시작하는 위치에 따라 직선의 방향이 달라질 수 있습니다. 아이들은 같은 두 점을 연결해도 직선의 방향이 달라지는 것에서 혼란을 느낍니다. 이러한 문제를 극복하기 위해 아이들은 논리적 사고를 통해 머릿속에서 크기가 없고 위치만 표시할 수 있는 점을 생각해내야 합니다.

  이러한 논리적 사고의 과정에서 선생님의 역할은 매우 중요합니다. 선생님은 아이들이 스스로 문제점들을 발견하고 고민하기 전에 성급하게 이에 대해 설명하면 안 됩니다. 선생님의 섣부른 설명은 아이들이 이미 가지고 있는 수학적 개념을 스스로 깨달을 수 있는 기회를 뺏게 되기 때문이지요. 선생님은 아이들이 자신의 노력으로 수학적 개념과 원리를 발견하도록 돕는 역할을 해야 합니다.

  아이들의 논리적 사고력을 키울 수 있도록 선생님은 설명이 아닌 질문을 해야 합니다. 예를 들어, 아이들에게 두 개의 점을 주고 각자 두 점을 이어 직선을 그리도록 합니다. 그리고 아이들이 그린 직선들을 서로 비교해 보도록 합니다. 선생님은 아이들에게 '친구와 내가 그린 직선의 공통점과 차이점은 무엇인가요?', '친구와 내가 그린 직선에 다른 점은 왜 생겼을까요?', '이러한 문제점을 해결하기 위해서는 어떻게 해야 할까요?'라는 질문을 할 수 있습니다. 물론 아이들은 선생님이 원하는 대답을 하지 않을 수도 있습니다. 또 아이들이 점은 크기가 없다는 것을 스스로 이해하기까지 오랜 시간이 걸릴 수도 있습니다. 그러나 논리

수학을 못하는 아이는 없다

적 사고력을 키우는 것을 목표로 하는 수학 수업에서는 아이들이 빨리 정답을 이야기하는 것이 전혀 중요하지 않습니다. 아이들 스스로 수학적 개념을 깨닫는 경험을 하는 것이 목표이기 때문입니다. 한 시간의 수업 안에서 아이들이 정답을 찾지 못해도 전혀 상관없습니다. 선생님은 며칠이 걸려도 아이들이 스스로 생각할 수 있는 시간을 충분히 주어야 합니다. 이와 같은 수업은 아래 그림과 같은 순서로 진행됩니다.

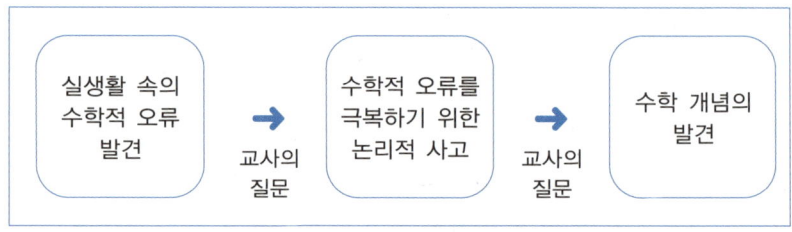

수학적 논리력을 키우기 위한 수업의 흐름

이 때문에 논리적 사고력을 중심으로 하는 수학 수업은 선생님 위주의 설명식 수업을 지양합니다. 설명식 수업은 선생님이 아이들에게 주입해야할 수학 개념들을 미리 정리하여 해설해주는 방식을 뜻합니다. 설명식 수업에서는 아이들이 궁금해 하는 점과 상관없이 교과서에 있는 공식과 증명들만을 아이들에게 보여줍니다. 이와 같은 수업에서는 아이들이 효율적으로 많은 양의 수학 개념과 공식들을 배울 수 있는 장점이 있지만, 아이들 스스로 생각하고 고민할 수 있는 기회는 적다는 단점이 있습니다. 선생님의 질문을 중심으로 하는 수학 수업에서는 아이들이 논리적 사고력, 비판 능력을 포함하여 아이들 스스로 수학적으로 생각할 수 있는 힘을 기를 수 있습니다.

PART 3 수학, 왜 공부해야 하나?

CHAPTER 3

수학적 창의력을 키우는 수학

수학은 창의적인 교과입니다. 수학적 창의력을 강조하는 학자들은 수학이 완전무결하다는 주장에 반대합니다. 이들은 수학이 사람들의 필요에 의해 만들어졌기 때문에, 그 자체에 오류와 모순이 있다고 가정합니다.* 따라서 수학을 한다는 것은 수학을 개선하기 위해 노력하는 것이라고 생각합니다.

수학적 창의력을 강조하는 관점에서는 수학 교육이 아이들에게 수학이 만들어지고 발전되어가는 과정에 대한 이해의 경험을 제공해야 한다고 이야기합니다. 아이들은 수학적 개념과 원리들이 만들어지는 과정을 경험하면서 수학적 창의력을 기를 수 있습니다. 이와 같은 형태의 수학 수업의 흐름은 아래 그림과 같습니다.

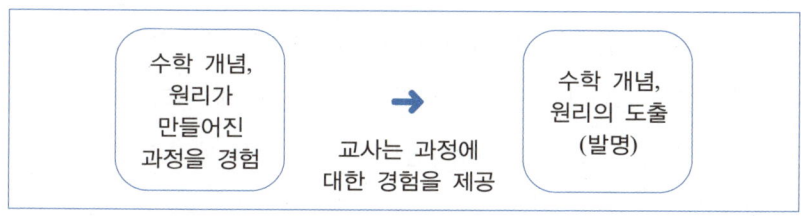

수학적 창의력을 키우기 위한 수업의 흐름

---

* 이러한 주장을 하는 수학자, 수학교육자들은 '구성주의'를 기반으로 합니다.[16]

수학을 못하는 아이는 없다

  수학적 창의력을 중심으로 한 수학 수업에서 가장 중요한 것은 수학이 만들어지는 과정을 아이들이 경험하는 것입니다. 아이들은 수업 시간에 생활 속 문제를 해결하기 위해 수학 개념과 원리를 만들어내는 연습을 합니다. 예를 들어, 아이들은 수(數)를 배우기 전에 수를 몰랐을 때의 불편함에 대해 이야기해 볼 수 있습니다. 이 후 수체계가 만들어지는 과정을 수업 시간에 재현해보면서 수의 발전과정과 개선 방향에 대해 생각해 볼 수 있습니다. 앞에서 살펴본 수학적 논리력을 중요시 하는 수업에서 수학적 개념과 원리를 '발견'하는데 중점을 둔다면, 수학적 창의력을 중심으로 하는 수학 수업에서는 '발명'에 중점을 두는 것이지요.

  이 때, 선생님은 아이들에게 수학적 문제 상황을 주고 아이들이 수학적 개념과 원리를 만들어보는 경험을 할 수 있도록 해주는 '설계자'의 역할을 합니다. 선생님은 아이들에게 수학 문제를 단순히 제시하는 것이 아니라, 아이들의 수준에 맞게 수학적 개념과 원리가 필요한 상황을 보여줍니다. 또한 선생님은 아이들이 수업 내용에 맞는 수학 개념과 원리를 만들어가는 과정을 꼼꼼하게 설계하여 수학 발명의 경험을 할 수 있도록 지도해야 합니다. 예를 들어, 받아내림에 대한 수학 수업을 생각해 봅시다. 선생님은 받아내림의 방법을 일방적으로 아이들에게 설명해 주는 것이 아니라 아이들이 다양한 활동을 통해 여러 가지 받아내림 방법들을 만들고, 서로 비교하면서 더 나은 원리를 찾도록 도와주어야 합니다.

PART 3 수학, 왜 공부해야 하나?

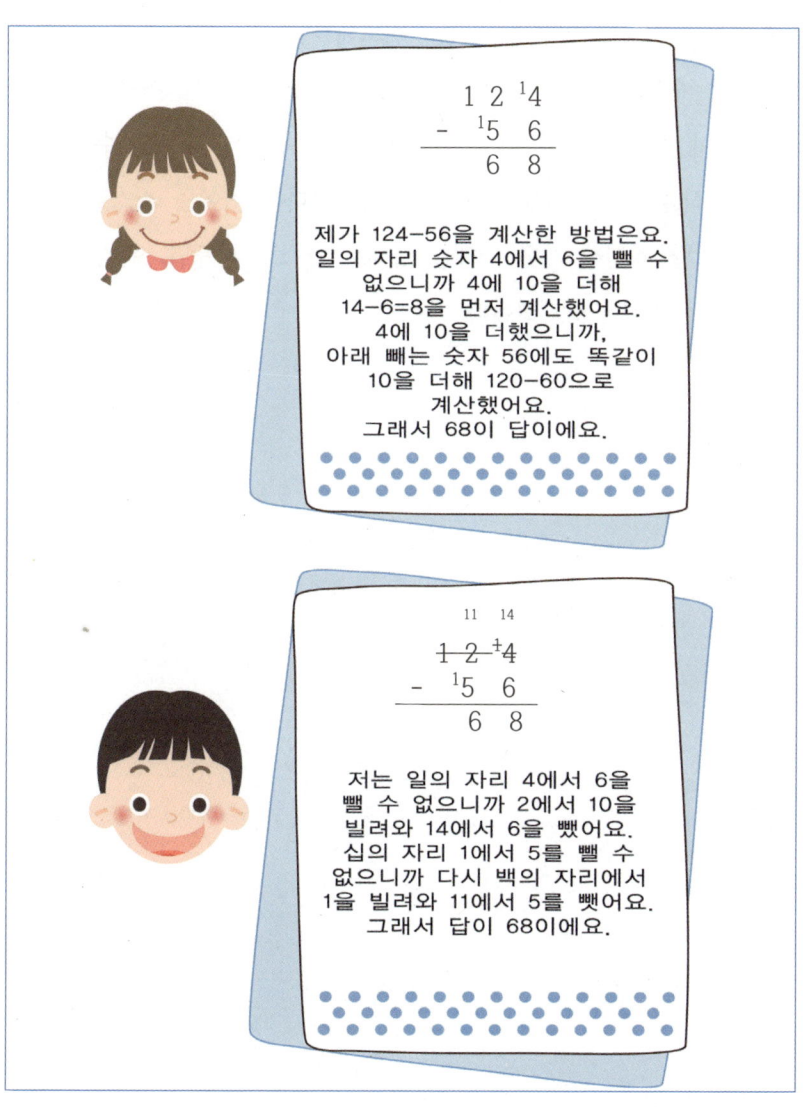

받아내림의 여러 가지 방법

수학을 못하는 아이는 없다

　아이들은 다양한 방법들을 서로 비교해 가며 더 좋은 방법을 알아보는 한편, 수학에 대해 다양한 접근이 가능하다는 것을 깨닫게 됩니다. 이와 같이 수학적 창의력을 강조하는 수학 수업은 특정한 수학 개념, 원리, 형식을 아이들에게 이해시키는 것 보다는 아이들 스스로 이러한 것들의 발달 과정에 대한 이해를 토대로 스스로의 개념, 원리, 형식을 만들어가는 과정을 중시합니다.

PART 3 수학, 왜 공부해야 하나?

CHAPTER 4

수학적 정확성을 키우는 수학

수학 기호를 정확히 사용하는 것에 수학의 목표가 있다고 주장하는 학자들도 있습니다. 이들은 수학이 기호들의 약속 체계일 뿐이라고 이야기 합니다.* 수학은 이상적인 공간의 완벽한 개념체계도 아니며, 아이들이 각자 의미를 만들어가야 할 대상도 아니라고 이야기 하지요. 이러한 관점에서의 수학 교육에서는 약속된 형식 체계에 맞춰 기호들을 적절하게 사용할 수 있도록 아이들을 지도하는 것을 가장 중요하게 생각합니다.

수학의 한 분야인 「대수학」을 살펴볼까요? 대수학은 숫자대신 숫자를 나타내는 문자를 약속하고, 이를 이용하여 수의 관계, 성질, 계산 방법들을 연구하는 학문입니다. 예를 들어, 아이들이 정비례를 학습할 때 다음과 같이 두 수의 관계를 기호를 이용해 나타낼 수 있지요.

x	2	4	6	8	......
y	16	32	48	64	......

$$y = x \times 8$$

정비례 관계를 기호로 나타내기

---

* 이러한 주장을 하는 수학자, 수학교육자들은 '형식주의'를 기반으로 합니다. [16]

수학을 못하는 아이는 없다

위의 그림에서 x는 정의역*, y는 치역**이 됩니다. 즉, x는 임의의 수, y는 x값에 따라 달라지는 수를 나타내며, x에 대입되는 모든 수에 대해 y는 8배가 됩니다. 이와 같이 대수학에서는 x와 y라는 두 가지 기호를 이용하여 여러 가지 수들의 공통된 관계를 간단하게 나타낼 수 있습니다. 이 때 사용되는 x와 y라는 기호 사용은 우리의 무의식 속에 있는 완벽한 개념도, 아이들 각자가 만들어낼 수 있는 원리도 아니지요. 마치 '교과서'라는 단어가 학교에서 교재로 쓰이는 책을 지칭하는 것으로 약속된 것처럼, x와 y는 수학자를 포함하여 수학을 하는 모든 사람이 알고 지켜야 할 기호일 뿐입니다.

수학적 정확성을 강조하는 학자들은 수학은 복잡한 계산을 쉽고 빠르게 하기 위한 기호들과 계산 절차의 약속이라고 주장합니다. 이러한 관점은 과학 기술의 급속한 발달과 더불어 수학 교육에 많은 영향을 끼쳤습니다. 현재 한국의 수학 교육에서 정확한 계산법을 아이들에게 강조시키는 것도 이러한 관점의 영향이 큽니다.

---

* 집합 X에서 집합 Y로의 사상(寫像:함수) f에 대하여 X를 f의 정의역이라고 합니다.
** 함수가 취하는 값 전체의 집합을 일컫습니다. 함수 $f:X \to Y$가 있을 때 집합 X를 f의 정의역(定義域), Y를 f의 공역(共域)이라 하고, X의 원소 x의 상(像) 전체의 집합 $f(X) = \{f(x)|x \in X\}$를 f의 치역이라 합니다. 이 때 $f(X)$는 공역 Y의 부분집합입니다.

PART 3 수학, 왜 공부해야 하나?

CHAPTER 5

목표에 따른 다양한 수학 수업 방법

지금까지 수학에 대한 여러가지 관점과 목표에 대해 살펴보았습니다. 수학적 논리력을 강조하는 학자들은 수학이 완전무결한 이상적 존재라는 가정을 토대로 우리가 논리적 사고를 통해 '발견'해야 하는 대상으로 간주하는 반면, 수학적 창의력을 강조하는 학자들은 수학을 비판적 사고를 통해 '발명'하고 '개선'해야 하는 존재로 생각합니다. 수학적 정확성을 중시하는 학자들은 수학에 과도한 의미를 부여하는 것을 거부하지요. 이제 같은 수학 수업 주제가 세 가지 관점에 따라 어떻게 서로 다르게 지도될 수 있는지 비교해 보면서 각 관점의 차이를 조금 더 명확하게 이해해보도록 합시다. 소개될 세 가지 사례는 각각의 관점에서 수(數)를 지도하는 방법을 보여줍니다.

수학을 못하는 아이는 없다

논리적 사고를 통해 본질을 이해하는 수업

> **문제**
>
> 아래와 그림과 같이 토끼 인형, 기린 인형, 강아지 인형이 있습니다. 이 인형들의 공통점을 10가지 찾아 설명하세요.

이 문제가 어떻게 수학적 능력과 연결되는지를 이해하기 위해서는 수학 개념이 도출되는 과정인 "추상화"를 이해해야 합니다. 2장에서 살펴본 것처럼, 추상화는 서로 다른 요소를 제거하고, 공통적인 특징만을 추출하여 일반화하는 것을 의미합니다. 자, 그렇다면 인형들의 서로 다른 요소를 제거해 봅시다. 모양, 색깔, 크기 등 서로 다른 것들을 모두 제거하면 무엇이 남게 될까요?

PART 3 수학, 왜 공부해야 하나?

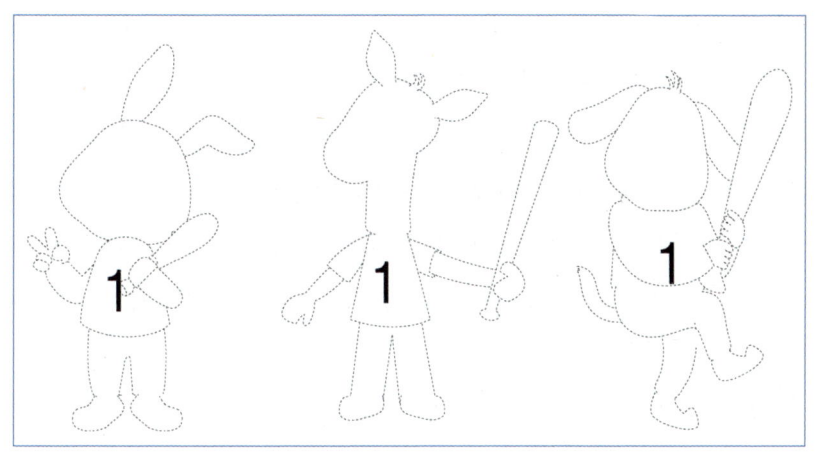

추상화 과정을 거친 후 남는 이상적(理想的) 요소

세 가지 인형의 다른 점들을 모두 제거하고 나면 본질적으로 남는 것은 모든 인형은 각각 한 개라는 점입니다. 위의 그림에서 이해를 돕기 위해 '1'이라는 숫자를 표기하였지만, 사실 '1'이라는 개념은 우리가 눈으로 볼 수 있는 것은 아닙니다. 수 '1'은 우리의 머릿속에만 존재합니다. 예를 들어, 하늘의 태양도 1이고 작은 꽃 한 송이도 1이 될 수 있습니다. 또 바다 전체가 1이 될 수도 있고, 컵에 담은 바닷물 한 컵도 1이 될 수 있습니다. 강아지 한 마리도 1이 될 수 있으며, 조약돌 한 개도 1이라 표현할 수 있습니다.

이와 같은 방법으로 수에 대한 접근하는 과정은 아이들에게 수학적 논리력을 강조하는 수학에서 추구하는 이상적 개념의 수를 이해하고 있는가를 묻고 있습니다. 생활 속에서 물건의 개수를 세는 용도가 아닌, '1' 자체를 이해한다는 것은 결코 쉬운 일이 아닙니다. 또한 '1'을 추

수학을 못하는 아이는 없다

상화하는 과정을 이해하는 것은 수학적 논리력을 증시하는 수학의 본질이라 할 수 있습니다. 이와 같은 수업에서 '1'은 단순히 숫자를 세는 기호가 아닙니다. 여러 가지 물체의 차이점과 공통점을 비교해보는 논리적 사고를 통해 사물의 본질을 일반화한 형태가 1이지요. 따라서 선생님은 1의 개념을 아이들에게 일방적으로 주입해서는 안 되며, 아이들이 1 이외에도 다양한 공통점을 찾아볼 수 있는 생각의 기회를 제공해야 합니다.

 수학적 논리를 통해 본질을 일반화하는 능력은 수학 뿐 아니라 모든 학문의 기초가 됩니다. 모든 사회 과학 이론들은 이러한 과정을 통해 도출되기 때문입니다. 예를 들어, 1장에서 살펴본 피아제는 아이들의 나이에 따른 발달단계를 이론화하였습니다. 피아제는 아이들의 성별, 가족관계, 경제적 상태 등 아이들이 가지고 있는 서로 다른 요소들을 제거하였을 때 공통적으로 나타나는 특성을 분석하여 인지 이론을 구체화시켰습니다. 즉, 수학적 사고가 교육학의 이론 도출의 과정에서 사용된 것이지요. 이에 수학을 모든 학문의 기초라 합니다. 또한 논리적 사고과정을 중시하는 유럽에서 수학이 철학과 함께 연구되는 이유이기도 합니다.

PART 3 수학, 왜 공부해야 하나?

변화의 과정을 이해하고 창조하는 수학 수업

수의 발달 *

숫자가 없었던 원시 시대에는 일대일 대응을 통해 간단히 수를 표시하였습니다. 일대일 대응이란 물건의 개수만큼 돌멩이나 나뭇가지를 가져다 놓거나 눈금을 그려 수를 표시하는 방법입니다. 그런데 이러한 방법은 오랫동안 수를 기록하기 어렵다는 단점이 있었습니다. 그래서 수를 기록하는 다양한 방법들이 생겨났지요.

원시시대 수를 기록한 흔적으로 추정되는 이샹고의 뼈**

손가락 모양을 다르게 하여 수를 표시하는 방법, 색실에 매듭을 지어 수를 표시하는 방법 등 다양한 방법이 등장했습니다. 그러나 이러한 방법들은 큰 수를 나타내기에 여전히 불편했기 때문에 진법의 개념이 도입되었습니다. 마야 문명의 20진법, 바빌로니아의 60진법, 이집트의 10진법 등 다양한 진법체계와 숫자를 표기하는 기호가 사용되었습니다. 이후 14세기경 인도-아라비아 숫자가 정착되어 지금은 모든 나라에서 동일한 숫자 체계를 사용합니다.

---

* 김리나(2008)[17]에서 발췌 및 요약한 내용으로, 사용에 있어 저자의 저작권 동의를 확보하였습니다.
** 눈금이 새겨져 있는 동물의 뼈로, 눈금은 숫자를 나타냅니다. 아프리카 콩고의 이샹고에서 발견되어 '이샹고의 뼈'라고 부릅니다.

수학을 못하는 아이는 없다

이 이야기에서는 수(數)의 개념과 의미를 탐구하기보다는 수를 표기하는 기호인 숫자와 그 체계가 어떻게 발전되어 왔는지를 설명하고 있습니다. 위 자료는 수학이 인간 생활의 필요에 의해 만들어진 체계이며 끊임없이 변화와 발전을 거듭함을 보여줍니다. 선생님은 이 읽기 자료를 바탕으로 아이들에게 다음과 같은 질문을 하며 탐구를 유도할 수 있습니다.

> "돌멩이나 나뭇가지를 가져다 놓는 방법은 숫자를 표기하는 데 어떤 어려움이 있었을까요?"
> "20진법, 60진법을 사용하면 어떤 불편함이 있을까요?"
> "각 나라가 서로 다른 숫자체계와 기호를 가지고 있으면 어떤 불편함이 있을까요?"
> "지금의 숫자기호와 진법을 어떻게 바꿀 수 있을까요?"

창의적 사고를 위한 탐구형 질문

수학적 창의력을 강조하는 수학 수업에서는 아이들이 수학의 발전과정을 이해하고, 수학을 발전시키는 방법에 대해 생각해볼 수 있는 기회를 제공하는 것을 중요시합니다. 수학의 역사를 이용한 수학 교육 방법 이외에 실생활 중심의 수학 교육도 수학적 창의력을 중요시 하는 수학 수업에 해당합니다. 실생활 중심의 수학 교육은 단순히 아이들이 살아가는데 필요한 기능, 예를 들어, 슈퍼마켓에서 계산을 하는데 필요한 사칙연산의 방법만을 지도하는 것과는 다릅니다. 아이들에게 문제 상황을 주고, 이 상황에서 필요한 수학의 개념 또는 원리를 스스로 탐구하면서 이해하는 과정을 중시합니다.

아이들이 이야기 속의 수학 개념을 추출하고 이를 다시 실생활에 적

PART 3 수학, 왜 공부해야 하나?

용해보는 것을 강조하는 수학 수업으로는 스토리텔링 수학 교육*, 네덜란드 프로이덴탈의 이론을 기반으로 한 RME 교육(현실적 수학교육, Realistic Mathematics Education: RME)**, 미국 위스콘신 대학과 네덜란드 프로이덴탈 연구소가 공동 개발한 Mic 프로그램 (Mathematics in Context)*** 등이 있습니다. 이러한 수학 수업들은 실생활의 문제 해결이 아니라 실생활 문제 상황을 통한 수학 개념의 도출과 응용의 과정을 중시한다는 공통점이 있지요.

수학적 창의력을 강조하는 수학 수업은 다양한 문제 상황을 통해 수학적 개념과 원리를 만들어내고, 이를 응용하는 과정을 중시하지만 '문제해결수업'과는 차이가 있습니다. 문제해결수업은 아이들이 이미 학습한 수학 개념과 방법들을 다양하게 조합하여 주어진 문제를 해결하는데 목적이 있지만, 수학적 창의력을 강조하는 수학 수업은 문제 상황에서 수학적 개념과 원리의 도출하는 것을 중요시합니다. 수학 수업에서 단순히 문제를 푸는 능력이 아니라 아이들의 새로운 수학적 아이디어를 강조합니다.

---

* 스토리텔링은 이야기를 통해서 아이디어와 의미를 아이들에게 전달하고 공유하는 교육방법을 의미합니다.[18] 스토리텔링을 이용한 수학 수업은 구체적인 이야기를 통해서 아이들의 관심을 유발하고, 그 속에 있는 수학적 개념을 아이 수준에 제시함으로써 학습 동기를 유발하고 학습의 이해를 도울 수 있습니다.
** RME는 아이들에게 현실 수학을 바탕으로 수학을 이끌어내는 수학화의 경험을 강조하는 수학 교육 방법입니다.[19]
*** RME를 바탕으로 미국에서 개발된 수학 교과서입니다.

수학을 못하는 아이는 없다

정확한 형식으로 표현하는 수학 수업

3. 4의 약속 ★ ★ ★ ★ ★

아래 그림은 초등학교에서 수를 약속하고, 숫자를 읽고 쓰는 방법을 지도하는 내용을 나타냅니다.

아이들은 생활 속에서 볼 수 있는 물건의 수를 바둑알로 나타내어 보고 이를 기호로 표현하는 방법과 읽는 방법에 대해 학습합니다. 이후 숫자를 바르게 쓰는 방법을 학습합니다.

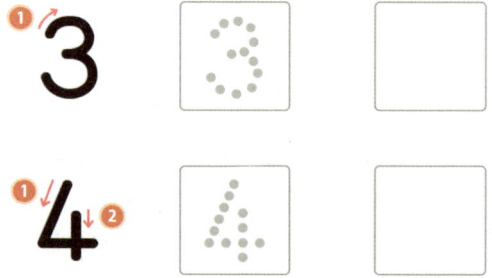

위의 그림은 수를 표기하는 방법, 숫자를 쓰는 방법에 대해 아이들이 학교에서 배우고 있는 내용을 보여주고 있습니다. 수의 의미와 발전과

PART 3 수학, 왜 공부해야 하나?

정에 대한 탐구보다는 수를 정확히 나타내고 약속하는 것에 중점을 두고 있지요.

수학은 전 세계 사람들이 공통적으로 사용하는 기호체계임을 감안할 때 정확한 표기법을 이해하고 사용하는 것은 중요합니다. 수학의 형식을 중요하게 생각하는 수학 교육에서는 수학의 의미보다는 수학을 체계적으로 나타내고, 다른 사람과 수학 기호들을 이용해 의사 전달을 하는 것을 수학 교육의 핵심이라 생각합니다.

이러한 수학 교육의 목표는 현대 사회 발전에 있어 수학의 역할과 밀접한 관련이 있습니다. 산업 분야에 수학이 사용되고 있는 현실을 감안할 때 수학의 정확한 표현과 사용은 수학 교육에서 꼭 다루어져야 하지요.

- 스마트폰의 정보 처리과정은 선형대수학과 같은 수학적 개념을 바탕으로 설계됩니다.
- 수학적 공간감각은 3D영화 설계에 있어 필수적입니다.
- 반대 역학을 기반으로 한 수학적 개념은 운동선수들의 기능 향상을 위해 사용됩니다.[20]

2012년 영국에서 발표된 수학의 경제적 효과에 대한 분석 보고서에 따르면, 영국 내 모든 직업 중 약 10%가 수학과 관련되어 있으며, 수학이 사회 전체의 부가가치율 창출에 16% 정도 기여를 하고 있는 것으로 나타났습니다.[21] 사회 발전에 있어 수학은 핵심적인 역할을 하며, 이러한 수학의 비중은 계속 증가할 것으로 예상됩니다. 따라서 수학 교육은 국가 경쟁력의 원천이라 할 수 있으며, 사회의 발전과 경제적 이

수학을 못하는 아이는 없다

익 창출을 위해 수학 전문 인력의 양성이 중요해지고 있습니다. 여기서 수학 전문 인력은 수학의 개념과 원리를 잘 이해하고 이를 형식에 맞게 적절히 사용할 수 있는 사람을 의미합니다. 따라서 수학의 형식 역시 수학 교육에 있어 중요한 부분을 차지하고 있습니다.

PART 3 수학, 왜 공부해야 하나?

맺는 말

많은 사람들은 수학이 어렵기 때문에, 실생활과 동떨어져 있기 때문에 아이들이 수학 공부를 하기 싫어한다고 이야기합니다. 물론 2장에서 살펴보았듯 수학은 그 자체에 이미 아이들이 이해하기 어려운 요소들을 가지고 있지요. 그러나 우리가 수학을 아이들에게 왜 지도해야 하는지, 그리고 왜 수학을 배워야 하는지에 대한 분명한 목표가 설정되지 못한 점 역시 아이들이 수학을 쉽게 포기하는 주요한 원인이 된답니다.

이 장에서는 수학에 대한 다양한 관점들, 그리고 이를 기반으로 한 수학 교육의 방법들을 살펴보았습니다. 이 책에서 각 관점들의 옳고 그름을 판단하거나 어느 관점이 더 우월한가를 비교할 수는 없습니다. 수학은 각 관점을 지지하는 수학자들 사이의 논쟁을 통해 발전해왔으며, 이러한 논쟁은 아직도 지속되고 있기 때문이지요.

그러나 수학을 보는 관점을 합의하는 것은 수학 목표를 분명히 하는 것과 관련이 있습니다. 아이들이 단순히 주어진 수학 문제를 정확하게 많이 풀도록 하는 것이 우리가 원하는 수학 교육은 아닐 것입니다. 수학을 인문·사회학의 기초로 보고 본질을 탐구하는 논리력을 키워줄 것인가, 수학 자체의 발전과정을 이해하고 새로운 수학적 아이디어를 발

수학을 못하는 아이는 없다

견하는 탐구력과 창의력을 키워줄 것인가, 정확한 기호와 공식을 이해하고 이를 이용하여 순수한 수학자를 길러낼 것인가에 대한 고민이 필요합니다.

새로운 수학 교육에 대한 수요가 증가하고 있는 지금, 우리 사회가 요구하는 미래 인재상의 모습이 현재의 수학 교육에 잘 반영되어 있는가에 대한 반성이 필요합니다. 수학 목표와 방법에 대한 논의의 과정을 경험하며 아이들은 왜 어려운 수학 공부를 스스로 해야 하는지 그 가치와 의미를 이해할 수 있습니다.

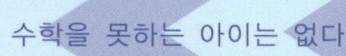

수학을 못하는 아이는 없다

PART 4

평가가 바뀌어야 수학 교육이 바뀐다

수학을 못하는 아이는 없다

들어가는 말

"저는 중학교 수학 교사입니다. 저도 생활 중심 수학, 탐구 수학 등 새로운 수학 교수법에 대한 연구를 많이 해요. 수업 시간 동안 아이들이 자유롭게 수학 개념을 탐구할 수 있는 기회도 주고요. 그런데 꼭 수업 마지막에 가면 제가 외워야할 핵심 개념을 정리해주게 되요. 아이들이 시험을 봐야 하니까요. 그렇게 하다보면 어느 순간부터 아이들은 수업 시간에 참여를 해야 할 필요를 못 느껴요. 그냥 정리된 내용만 외워서 시험만 보면 된다고 생각하니까요. 아이들이 참여를 안 하니까 수업도 점점 엉망이 되어가고…. 어떻게 해야 할지 모르겠어요."

아이들이 점점 흥미를 잃어가는 학교 수학 수업 시간, 해결할 방법은 없는 것일까요? 이 장에서는 학교 수학 수업 시간에 참여하지 않으려 하는 아이들의 문제점과 이의 해결방안에 대해 생각해 봅시다.

PART 4 평가가 바뀌어야 수학 교육이 바뀐다.

CHAPTER 1

수학 수업과 동떨어진 평가

    수학 수업과 평가가 유기적으로 연결되지 못하면 아이들은 수학 수업에 참여할 필요가 없습니다. 선생님이 재미있는 활동 중심, 토론 중심으로 수학 수업을 진행하여도, 아이들은 학원을 다니거나 혼자서 어려운 문제를 기계적으로 풀면서 지필평가(시험)를 대비할 수밖에 없게 되는 것이지요. 아이들은 시험에서 높은 성적을 받기 위해 수학 문제들을 찾아 반복적으로 풀면서 수학 공부 시간의 대부분을 사용합니다. 이러한 문제점 때문에 선생님들은 평가 방법이 바뀌지 않는다면 수학 교육은 개선되기 어렵다고 이야기합니다.[22]

    그렇다면 평가를 어떻게 바꿀 수 있을까요? 평가의 개선은 평가의 체제 자체를 바꾸는 것과 평가 문항을 개선하는 것으로 나누어 생각해 볼 수 있습니다. 전자는 우리 사회의 합의를 바탕으로 학교 평가 방법과 대학 입시 자체를 변화시키는 것을 뜻하며, 후자는 학교에서 보는 시험 문제를 다양화하는 것을 의미합니다. 이 장에서는 평가 방식 자체의 변화와 평가 문항의 새로운 개발 방법에 대해 고민해 보면서 평가의 새로운 방향을 이야기해 보고자 합니다.

CHAPTER 2

서열화를 위한 수학 평가, 최선일까?

　이 장에서는 최근 공교육의 성공사례로 손꼽히는 핀란드의 평가 방법을 살펴보면서 우리에게 필요한 평가 방법에 대해 고민해보고자 합니다. 핀란드 학교에서는 지필 평가 보다 수업 중 아이들의 이해와 참여 태도에 대한 선생님의 서술형 평가와 아이 스스로 자신의 능력을 평가하는 자기 평가를 중요시합니다.[23] 선생님의 평가는 아이가 학년 초에 비해 학년 말에 얼마나 발전하였는지를 중심으로 아이의 수업 참여 태도, 학교에서의 전반적인 행동, 지식 등을 성적표에 적어주는 것을 뜻합니다.

　아이들은 자기평가를 통해 자신의 학습과정을 점검합니다. 자기 평가를 바탕으로 아이들은 스스로 학습에 대해 부족한 점을 판단하여 선생님에게 도움을 요청합니다. 초등학교 수학 시간에 사용하는 자기 평가표 예시는 다음표와 같습니다. 자기 평가표는 각 교사별로 수업 목적과 내용에 따라 자체적으로 제작하기 때문에 아래의 평가표는 하나의 예시로 이해하기 바랍니다.

PART 4 평가가 바뀌어야 수학 교육이 바뀐다.

수학 시간에 사용하는 자기 평가표 예시		
오늘 수학 수업시간을 스스로 평가해봅시다.		
이름:		
영역	활동 수준	나의 점수는?
나의 이해	나는 수학문제를 잘 이해할 수 있었다. 내가 세운 문제풀이 전략으로 문제의 답을 정확하게 찾을 수 있었다. (25점)	
	나는 수학문제를 잘 이해할 수 있었다. (22점)	
	나는 수학문제의 일부분을 이해할 수 있었다. (18점)	
	나는 수학문제를 이해할 수 없었다. (13점)	
나의 활동	나는 이 수학문제를 푸는데 필요한 지식 이외에도 다양한 지식을 활용하여 문제를 다양하게 이해하였다. (25점)	
	나는 이 수학 문제를 푸는데 필요한 방법을 알고 그대로 수학 문제를 풀었다. (22점)	
	문제를 풀기 위해 내가 세운 일부분의 문제해결전략은 맞았다. (18점)	
	문제를 풀기 위해 내가 세운 문제해결 전략은 성공하지 못했다. (13점)	
나는 다음의 내용을 설명할 수 있다.	나는 문제와 관련하여 '무엇을', '어떻게'와 관련한 질문에 답할 수 있었고, 내가 세운 문제 해결 전략을 '왜' 선택했는지 설명할 수 있었다. 나는 수학적 용어와 기호를 정확하게 사용하였다. (25점)	
	나는 내가 무엇을 알고 있는지, 그리고 어떻게 문제를 풀었는지 설명할 수 있었다. 나는 문제를 풀면서 수학적 용어와 기호를 사용하였다. (22점)	

수학을 못하는 아이는 없다

영역	활동 수준	나의 점수는?
나는 다음의 내용을 설명할 수 있다.	나는 내가 알고 있는 것을 설명하려고 노력하였다. 그리고 수학적 용어와 기호를 조금 사용하여 문제를 풀었다. (18점)	
	나는 수학적 용어와 기호를 사용해서 내가 알고 있는 것을 전혀 설명할 수 없었다. (13점)	
나는 다음의 내용을 증명할 수 있다.	나는 여러 가지 방법으로 문제를 풀었고, 다른 친구들은 내 설명을 이해할 수 있었다. (25점)	
	나는 한 가지 방법으로 문제를 풀고, 다른 친구들이 대부분 내 설명을 이해하는 것 같았다. (22점)	
	나는 내가 어떻게 문제를 풀었는지 친구들을 이해시키려고 노력했으나 어려웠다. (18점)	
	나는 내가 어떻게 문제를 풀었는지 전혀 설명할 수 없었다. (13점)	

핀란드 학교에서 교사평가와 자기평가를 사용하는 이유는 평가가 아이의 학습 결과를 확인하는 도구가 아니기 때문입니다. 평가는 아이들의 학습 과정에 대한 충분한 정보를 얻어 다시 아이 수준에 맞는 수업을 구성할 수 있는 근거자료로 이해됩니다.[24] 핀란드 학교의 평가에서는 시험 점수로 아이의 능력을 수치화 하지 않습니다. 평가는 아이와 선생님이 수업을 하면서 아이의 우수한 부분과 부족한 점을 같이 찾을 수 있는 방법 중 하나입니다.

이러한 평가 방식의 운영은 평가에 대한 사회적 인식의 합의를 바탕으로 합니다.[25] 핀란드에서는 아이들을 비교하여 서열화하기 위한 평가는 실시하지 않는다고 합니다. 핀란드를 비롯한 유럽의 국가들에서 입시전쟁이나 사교육이 적은 이유는 공교육의 목표가 '교육 결과의 평등'

PART 4 평가가 바뀌어야 수학 교육이 바뀐다.

에 있기 때문이지요. 우리나라가 '교육 기회의 평등'을 이야기하는 것과 차이가 있습니다.

'교육 결과의 평등'과 '교육 기회의 평등'의 차이점에 대해 생각해볼까요? 우리나라에서 초·중등학교는 의무교육으로 운영되고 있습니다. 아이들 누구나 교육받을 의무와 권리가 있지요. 그러나 학교에 입학한 이후 좋은 성적을 받는 것과 나쁜 성적을 받는 것은 아이들의 몫으로 여겨집니다. 아이들이 열심히 하면 좋은 성적을 받고, 학업에 소홀하면 좋지 않은 성적을 받게 됩니다. 아이들의 성적은 모두 아이 스스로의 책임입니다. 이러한 측면에서 우리나라의 교육은 '교육 기회의 평등'을 추구한다고 이야기할 수 있답니다. 학교에서 수업 받을 기회는 모두에게 동등하게 있지만, 그 안에서 얻는 결과물은 자신의 노력에 따라 평등하지 않은 것이지요.

그러나 아이들의 학교 성적이 아이들 스스로만의 노력으로 되는 것일까요? A, B 두 명의 학생이 있습니다. A 학생의 부모님은 유명한 대학을 나와 좋은 직장에 근무합니다. 부모님은 자녀 교육에도 관심이 많아서 A 학생이 어릴 때부터 여행도 많이 데리고 다니고, 밤마다 신경 써서 책도 읽어 줍니다. A 학생은 초등학교 입학 전에 한글도 다 배웠고, 외국어 과외도 받습니다. 반면 B 학생은 경제적으로 어려운 가정에서 태어났습니다. 부모님은 하루 벌어 하루 먹기도 힘든 형편 때문에 B 학생을 하루 종일 위탁시설에 맡겨둡니다. B 학생은 한글도 제대로 깨우치지 못하고 입학했습니다. A, B 학생이 초등학교 같은 반에 배정되었습니다. A 학생의 부모님은 학교에서 아이가 어떻게 공부하고 있

수학을 못하는 아이는 없다

는지, 부족한 점은 무엇인지를 끊임없이 확인하고 A 학생의 공부를 도와주기 위해 노력합니다. B 학생의 부모는 어려운 형편 때문에 담임선생님과 상담 한번 하러 가기도 어렵지요. 자, A와 B 학생 중 초등학교를 졸업 할 때 더 우수한 성적을 받을 가능성이 높은 학생은 누구일까요? A와 B 학생이 비슷한 지능을 가지고 있다고 가정하면, A 학생이 학교에서 더 좋은 성적을 받을 가능성이 높을 것입니다. A 학생은 이미 B 학생보다 앞선 출발점에서 학교 교육을 받기 시작했으며, 학업을 지속적으로 도와주는 가정환경을 가지고 있기 때문입니다. 이와 같은 사회적 현실에서 A, B 두 학생에게 동일한 교육 기회를 주어도 자연히 교육의 결과는 달라질 수밖에 없습니다.

핀란드를 비롯한 유럽 선진국들은 이와 같은 문제에 주목하였답니다. 그래서 기회의 평등이 아닌 결과의 평등으로 교육 체제를 전환하였지요.[25] 사회·경제·문화적으로 다양한 계층의 아이들이 학교에 들어와도 졸업할 때에는 공교육에서 정한 교육 목표를 모두 달성해서 나간다는 '교육 결과의 평등'을 추구하는 것입니다. 핀란드에서 학교의 역할은 모든 아이들이 고등학교를 마치고 사회에 진출할 때 동일한 출발선에 서도록 도와주는 것입니다.

따라서 아이들은 자신의 능력을 진단하고 이를 선생님과 의논하여 도움을 받습니다. 선생님 역시 수업 중 아이들의 참여와 활동을 바탕으로 학생을 평가하지요. 이러한 자기평가와 교사 평가 방식에 대해 학부모, 아이가 불만을 표현하는 경우는 찾기 어렵다고 합니다. 평가를 아이의 서열화 수단이 아닌 학습 목표 도달을 위한 점검의 방법으로 생각하기

PART 4 평가가 바뀌어야 수학 교육이 바뀐다.

때문이지요.

프랑스를 비롯한 유럽의 국가들이 대학 평준화 정책을 통해 대학의 서열을 없앤 것도 이러한 평가 방법이 정착되는데 주요한 환경적 요인이 되었습니다. 물론 유럽 역시 대도시에 위치한 대학에 학생들의 지원이 몰리는 현상이 있기는 하지만 학생 서열화를 목적으로 평가를 실시하는 우리나라 교육에 시사하는 바가 크다고 할 수 있습니다.

핀란드에서는 일제 고사 형태의 수학 시험을 중요하게 생각하지 않는다고 합니다. 또한 핀란드를 비롯한 유럽 권에서는 수학과 학생을 선발할 때 단순히 수학 문제의 정답을 많이 찾을 수 있는가의 여부는 중요하지 않습니다. 그들은 수학 문제 풀이에서 논리적, 창의적 사고를 할 수 있는가를 더 중요하게 생각합니다. 수학을 대할 때 기존의 방법과 다른 접근법을 할 수 있는가의 여부가 수학 시험에서 만점을 받는 것보다 더 가치 있게 여겨지지요. 앞서 살펴본 핀란드 학교의 자기 평가표가 단순히 정답을 몇 개 맞았나 확인하기보다는 아이들의 활동과 다양한 사고의 과정을 스스로 평가하도록 요구하는 것도 이 때문입니다.

평가 방식의 변화는 교육 체제의 개선, 교육에 대한 사회적 인식의 변화를 전제로 이루어집니다. 지금의 평가와 교육 방식에서 아이들이 수학을 잘 하기보다는 오히려 포기하는 경우가 많음을 감안할 때, 우리의 평가 방식에 대한 반성과 새로운 평가 체제에 대한 고민이 필요한 시점입니다.

CHAPTER 3

기계적으로 풀어야 하는 수학평가 문제, 다른 방법은 없을까?

이제 평가 문항 다양화를 통해 평가를 개선할 수 있는 방법을 생각해봅시다. 수업 시간에 수학 개념을 깊이 있게 이해하여도 단순 문제풀이 중심으로만 구성된 평가 문제들 만으로는 아이들의 논리력, 창의력을 평가하기 어렵습니다. 오히려 수학 평가 문항이 아이들의 생각하는 능력을 감소시킨다는 사실은 많은 연구에서 지적되어왔지요.

사례 1[26]

1학년 아이에게 다음과 같이 질문하였습니다. "너는 지금 왼쪽 주머니에 10개의 빨간 색연필이 있고, 오른쪽 주머니에 10개의 파란 색연필을 가지고 있어. 너는 지금 몇 살이지?"
어린이가 대답하였습니다.
"20살이요"

PART 4 평가가 바뀌어야 수학 교육이 바뀐다.

> 사례 2[26] ★ ★ ★ ★ ★ ★
>
> 1학년 아이에게 "아빠 곰, 엄마 곰, 아기 곰"의 크기를 "크다(big), 더 크다(bigger), 가장 크다(biggest)"로 나타내도록 하였습니다. 아이는 "엄마 곰을 가장 크다, 아빠 곰을 더 크다, 아기 곰이 크다"라고 이야기하였습니다. 이 아이의 답은 오답처리 되었습니다. 정답은 "아빠 곰이 가장 크다, 엄마 곰이 더 크다, 아기 곰이 크다"이기 때문입니다. 아이는 어리둥절하였습니다. 아이의 집에서는 엄마가 아빠보다 더 키가 컸기 때문입니다.

<사례 1>은 아이들이 질문의 내용과 상관없이 수학은 주어진 문제의 조건을 이용해서 답을 구해야 한다는 일종의 강박관념을 가지고 있는 것을 보여줍니다. 문제에서 1학년(8살) 아이에게 나이를 물었음에도 불구하고, 아이는 문제에 나와 있는 색연필의 개수를 더해 답을 하였습니다.

<사례 2>에서는 아이들이 수학 시간에 '크다, 더 크다, 가장 크다'와 같은 크기와 관련한 용어를 배우는 상황을 보여주고 있습니다. 수학 교과서에서는 일반적으로 성인 남성이 가장 크고, 여성이 그 다음이고, 아이가 가장 작다고 설명합니다. 그러나 이는 실생활의 다양한 경우를 고려하지 못한 것입니다. <사례 2>에 제시된 것처럼, 아이의 집에서는 엄마가 아빠보다 키가 더 클 수도 있거든요.

<사례 1>과 <사례 2>의 수학 문제가 아이들의 암기 능력, 또는 단순 계산 능력만을 평가하고 있는 것도 문제입니다. 두 문항은 수학과 관련한 다양한 사고를 평가하지 못하고 있습니다. 아이들의 실생활과 연계된 평가 문항, 다양한 수학적 사고를 확인할 수 있는 평가 문항은

수학을 못하는 아이는 없다

어떻게 만들어야 할까요? 다양한 수학 평가 문제들을 살펴보면서, 수학 평가 문항의 개선 방향에 대해 생각해봅시다.

 **수학은 삶의 문제를 푸는 도구이다.**

　실생활과 관련된 수학 문제에 대해 알아보기에 앞서 '수학 문제'란 무엇인지에 대해 생각해볼까요? 우리나라 말로는 모두 '문제'이지만, 영어로 문제는 'Quiz, Question, Problem'이라는 세 가지 단어로 나타낼 수 있습니다.[27] 우선 Quiz는 아래 문제와 같이 ○,× 평가 문제, 사지 선다형 문제와 같은 단답형 문제를 의미합니다. 이러한 문제들은 아이들의 고차원적인 사고 능력보다는 단편적인 지식을 확인할 수 있지요.

Quiz 형태 수학 평가 문제 예시

1. 다음 문장을 읽고 맞으면 (　) 안에 ○, 틀리면 (　　)안에 ×를 쓰시오.
　-직육면체의 면의 개수는 다섯 개다. (　　　　)

2. 직육면체의 모서리의 개수는 몇 개입니까?
　① 4개
　② 8개
　③ 12개
　④ 16개

PART 4 평가가 바뀌어야 수학 교육이 바뀐다.

'Question'은 풀이 방법과 답을 함께 적어야 하는 주관식 문항을 일컫습니다. 정답은 있지만, 아이들이 정답을 찾기까지 Quiz 보다는 복잡한 사고 과정을 거쳐야 합니다. 또한 하나의 정답을 찾기 위해 다양한 풀이과정이 있을 수 있지요. 아래 문제는 'Question'형태 평가 문항입니다.

Question 형태의 수학 평가 문제 예시

1. 순이는 빨간 꽃을 3송이, 노란 꽃을 2송이 가지고 있습니다. 이 중 빨간 꽃 한 송이를 철수에게 주었습니다. 순이에게 남은 꽃은 모두 몇 송이일까요?

이제 마지막 문제 'Problem'에 대해 생각해봅시다. 흔히 수학시간에 문제해결력을 길러야 한다고 이야기하는데, 이 때 '문제해결력'이라는 용어에서 사용되는 '문제'가 바로 'Problem'이랍니다. 'Problem'은 다양한 해결방법과 다양한 정답이 있어야 합니다. 아래의 문항을 살펴볼까요?

수학을 못하는 아이는 없다

 이 문제를 풀기 위해 아이들은 20,000원의 예산으로 5명이 먹을 음식을 결정해야 합니다. 문제를 읽은 어떤 아이들은 20,000원을 모두 사용하려 할 것이고, 어떤 아이들은 20,000원에서 일부만 사용하고 돈

PART 4 평가가 바뀌어야 수학 교육이 바뀐다.

을 남겨도 되냐고 물어볼 수도 있습니다. 또 취향에 따라 어떤 아이들은 어린이 메뉴를 고르는 반면, 어떤 아이들은 어른 메뉴를 고를 수도 있습니다. 음료의 종류를 정하는 것도, 이를 나눠먹을지, 리필해서 먹을지를 결정하는 것도 아이들입니다. 아이들은 햄버거 가게에 갔던 경험과 본인의 취향을 바탕으로 다양한 정답을 제시할 수 있습니다. 아이들이 음식을 구입하는 논리적인 근거와 예산에 맞게 음식 가격을 계산할 수 있다면 모두 정답이 되지요. 이 문제는 기본적으로 덧셈을 할 수 있는가와 관련한 능력을 평가하고 있지만, 실생활에서 필요한 계산 문제 해결에 도움이 되도록 구성되어 있습니다. 물론 이 문제를 풀 때 아이들은 논리적으로 자신의 생각을 정리해야 하지요.

 Problem 형태의 수학 문제와 관련하여 최근 수학교육자들은 생활 속의 문제를 넘어 사회의 문제까지 다루어야 한다고 주장합니다. 수학이 가게에서 물건 값을 계산하는 것 이외에도 사회·정치·경제의 문제를 다룰 수 있는 폭넓은 틀을 제공해야 한다는 것이지요*. 예를 들어, 아이들은 최저 생계비를 벌기 위해 하루 몇 시간의 노동이 필요한지 계산해 볼 수 있고, 최저 임금의 필요성과 적정 금액에 대해 수학시간에 계산해볼 수 있습니다. 또 우리 가정의 한 달 수도요금 고지서와 물 부족 국가에 사는 시민이 하루에 사용하는 물의 양을 계산 및 비교하여 물의 낭비와 자원의 분배에 대해서도 고민해볼 수 있지요.

 그동안 수학 시험에서는 주로 Quiz, Question 형태의 문제들이 주로 사용되어 왔습니다. 이 때문에 아이들은 수학 시험이 생활과 동떨어

---

* 이를 '사회 정의를 위한 수학 교육(Mathematics for Social Justice)'이라고 합니다.[28]

지고, 자신들이 창의적으로 생각할 수 있는 여지가 부족하다고 느낄 수 밖에 없었답니다. 아이들이 수학 문제가 자신들이 살아가는데 실질적인 도움이 된다고 느끼기 위해서는 다양한 유형의 Problem 문제가 수업 시간과 평가에서 사용되어야 합니다. 수학 시간에 푸는 문제들이 반드시 획일적인 절차를 통해 해결되는 똑같은 답이 있다는 전제를 버려야 아이들의 다양한 논리적, 창의적 사고를 평가할 수 있을 것입니다.

 **수학 문제는 아이들의 다양한 사고 과정 능력을 평가할 수 있어야 한다.**

'Problem' 형태의 문제가 아이들의 다양한 사고 능력을 평가할 수 있다고 하여도, 모든 문항이 'Problem' 형태의 문제일 수는 없습니다. 아이들이 학교에서 배우는 수학을 잘 이해하고 있는지 확인하기 위해서는 직육면체의 면의 개수를 아는 것과 같은 기본적인 지식에 대한 평가도 필요하기 때문이지요. 그러나 기본 지식 평가 문항 역시 아이들의 다양한 사고 과정을 평가할 수 있도록 다각도로 구성되어야 합니다.

아이들의 다양한 인지 능력을 평가하기 위해서는 지식의 수준을 이해하는 것이 중요합니다. 이 장에서는 블룸(B. S. Bloom)*의 인지 분류 체계를 중심으로 수학 문항들이 어떻게 구성될 수 있는지 알아보도

---

* 미국의 교육 심리학자로 교육 목표를 세분화하는 연구를 진행하였습니다. 인지 분류 체계는 지식(이해)의 종류와 수준을 구분한 이론입니다.

PART 4 평가가 바뀌어야 수학 교육이 바뀐다.

록 합니다. 아래 그림은 블룸의 인지 분류체계를 나타냅니다.

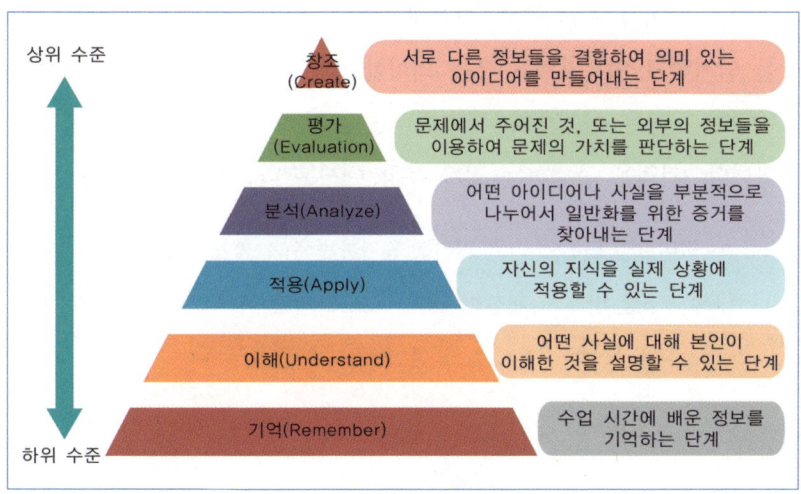

블룸의 인지 분류 단계*

블룸은 인지(認知), 즉 알고 있는 것의 수준을 위 그림과 같이 여섯 단계로 구분하였습니다. 가장 낮은 인지 수준은 기억(Remember)이고, 가장 높은 인지 수준은 창조(Create)입니다. 각 인지 수준이 무엇을 뜻하는지, 그리고 각 수준에 따른 수학 평가 문항은 어떻게 구성될 수 있는지 살펴봅시다.

---

* 블룸의 인지단계는 처음 발표된 이후 여러 차례 수정되어 왔습니다. 이 책에서는 Kim, Albert, Sinn[29]의 책에서 소개된 블룸의 인지단계 구분을 활용하였습니다.

수학을 못하는 아이는 없다

➤ 기억(Remeber)

기억은 아이가 수학 수업 시간에 배운 수학적 정의, 문제 푸는 절차를 암기하고 있는가의 여부를 의미합니다. 따라서 기억(Remeber)과 관련한 문항은 아이들의 사고(思考) 능력 중 가장 낮은 수준을 평가합니다. 기억을 측정하는 평가 문항 예시는 다음과 같습니다.

아이들의 단순한 기억 여부를 알아보는 수학 평가 문항 예시
1. 154 × 6를 바르게 계산한 것에 ○표 하시오.   　　1 5 4　　　　　1 5 4   　×　　 6　　　　×　　 6   　　　9 2 4　　　　　9 0 4   　　(　　　)　　(　　　)
2. 다음을 계산하시오.   　　　 5 4　　　　　　 8   　×　　 6　　　　×　6 2   　────　　　　────

➤ 이해(Understand)

이해(Understand)는 아이들이 배운 수학적 개념과 원리를 자신의 말로 설명할 수 있는지에 대한 여부를 나타냅니다. 이해와 관련한 문항 역시 아이의 낮은 수준의 사고를 평가하지요. 선생님은 아이들이 설명하고, 토론하고, 요약하는 것을 확인하면서 아이들이 수학적 개념과 원리를 이해했는지 확인합니다. 이해를 평가하는 문항 예시는 다음과 같습니다.

PART 4 평가가 바뀌어야 수학 교육이 바뀐다.

아이들의 이해 여부를 알아보는 수학 평가 문항 예시
1. 다음 분수를 약분하고, 어떻게 풀었는지 설명하시오. $$\frac{\heartsuit\heartsuit\heartsuit}{\heartsuit\heartsuit\heartsuit\heartsuit\heartsuit\heartsuit} =$$
2. 121×4를 계산하는 방법을 아래 수모형을 이용해 설명하시오.

> 적용(Apply)

적용(Apply)과 관련한 문항은 아이들이 알고 있는 수학적 개념과 원리를 실제 상황에서 활용할 수 있는가를 평가합니다. 알고 있는 내용을 적용하기 위해서 아이들은 수학 문제 상황을 해석하고, 자신이 알고 있는 수학적 개념을 적절히 변형하거나 응용할 수 있어야 하지요. 적용을 평가하는 문항 예시는 다음과 같습니다.

아이들의 적용 능력 여부를 알아보는 수학 평가 문항 예시
1. 다음과 같이 나무 6그루를 174cm 간격으로 심으려고 합니다. 첫 번째 나무와 여섯 번째 나무 사이의 거리는 몇 cm인지 풀이 과정을 쓰고 답을 구하시오. (단, 나무의 굵기는 생각하지 않습니다.) 식 _____ 답 _____

수학을 못하는 아이는 없다

2. 50원짜리 동전이 한 묶음에 10개씩 5묶음 있습니다.
   모두 얼마인지 풀이 과정을 쓰고 답을 구하시오.
   [식] _____
                    [답] _____

➤ 분석(Analyze)

분석(Analyze)은 아이디어나 문제의 대상을 부분으로 나누어 자신의 주장을 뒷받침하기 위한 근거를 찾는 능력을 뜻합니다. 분석은 대상의 비슷한 점과 다른 점을 찾아 분류하는 활동을 포함하지요. 분석 능력을 평가하는 문항 예시는 다음과 같습니다.

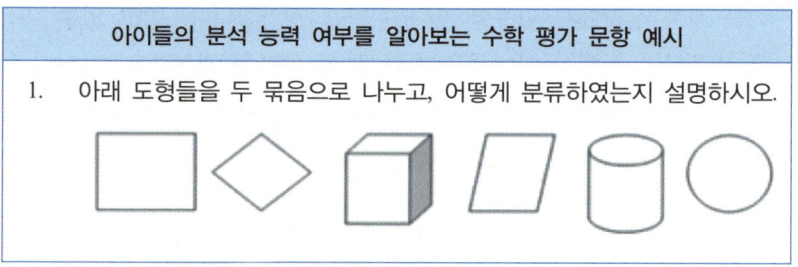

아이들의 분석 능력 여부를 알아보는 수학 평가 문항 예시
1. 아래 도형들을 두 묶음으로 나누고, 어떻게 분류하였는지 설명하시오.

➤ 평가(Evaluation)

평가(Evaluation)는 고차원적인 사고 능력으로 아이들이 학교에서 배워서 알고 있는 것, 혹은 학교 밖에서 배운 내용을 토대로 내용을 판단하여 적절한 평가를 내릴 수 있는가와 연관되어 있습니다. 선생님이 학생을 평가 하기 위해 수업 시간에 나오는 수학 개념과 풀이 방법 이외에도 다양한 수학적 지식을 가져야 하듯이, 아이들이 평가

PART 4 평가가 바뀌어야 수학 교육이 바뀐다.

능력을 가지기 위해서는 자신이 알고 있는 지식들을 적절히 연결시킬 수 있어야 합니다. 평가 능력을 평가하는 문항 예시는 다음과 같습니다.

아이들의 평가 능력 여부를 알아보는 수학 평가 문항 예시

1. 다음 계산에서 틀린 곳을 찾아 바르게 고치고 계산이 잘못된 이유를 쓰시오.

$$\begin{array}{r} 5\ 7 \\ \times\ \ 3\ 6 \\ \hline 3\ 4\ 3 \\ 1\ 7\ 1\ \\ \hline 5\ 1\ 3 \end{array} \quad \rightarrow \quad \begin{array}{r} 5\ 7 \\ \times\ \ 3\ 6 \\ \hline \\ \\ \\ \end{array}$$

[이유] _____
_____

2. 민지와 은서의 풀이과정을 살펴보고, 어떤 방법이 더 좋다고 생각하는지 평가하시오.

$$\begin{array}{r} 1\ 2 \\ \times\ \ 3\ 4 \\ \hline 4\ 8 \\ 3\ 6\ \ \\ \hline 4\ 0\ 8 \end{array} \quad \rightarrow \quad \begin{array}{r} 1\ 2 \\ \times\ \ 3\ 4 \\ \hline 4\ 8 \\ 3\ 6\ 0 \\ \hline 4\ 0\ 8 \end{array}$$

<민지>   <은서>

_____
_____
_____

수학을 못하는 아이는 없다

> ➢ 창조(Create)

창조(Create)는 가장 높은 단계의 사고 능력으로, 아이들이 알고 있는 모든 수학적 개념을 모두 활용하여 새로운 문제나 개념을 만들어 내는 단계를 의미합니다. 수학 문제를 만들기 위해서는 문제 풀이에 대한 다양한 방법들을 충분히 알고 있어야 합니다. 수학 개념을 만드는 것 역시 다양한 수학 개념들과 연결되어야 하지요. 창조 능력을 평가하는 문항 예시는 다음과 같습니다.

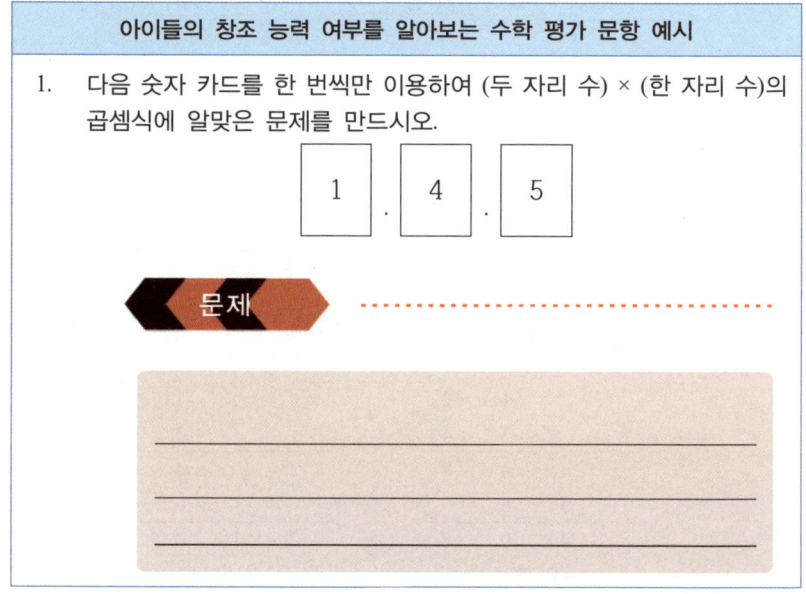

지금까지 블룸의 인지 분류 체계를 중심으로 아이들의 수학적 사고 능력의 단계와 각 단계를 평가할 수 있는 평가 문항들의 예시들을 살펴보았습니다. 그러나 블룸의 인지단계 이론은 여러 이론 중 하나의 이론일 뿐 모든 수학 평가가 이 기준을 사용할 필요는 없습니다. 이 장

PART 4 평가가 바뀌어야 수학 교육이 바뀐다.

에서 소개된 예시 문제 역시 참고자료일 뿐 더욱 다양한 형태의 문항 개발이 가능할 것입니다. 이 책에서 인지 분류 체계와 문제들을 살펴본 이유는 수학 평가 문항 개발에 있어 모두가 인정할 수 있는 적절한 '기준'이 필요하다는 것을 지적하기 위함입니다.

  중간고사, 기말고사의 수학 평가 문항을 생각해볼까요? 출제하는 선생님에 따라 문제의 유형과 난이도가 매번 달라지기 일수 입니다. 또한 학교별로 출제되는 평가 문항이 난이도가 모두 달라 정확한 평가가 이루어지기 어려운 것도 문제입니다. 쉬운 문항 중심으로 수학 문제가 출제되는 A 학교에서 높은 수학 성적을 받던 아이가 어려운 문항 중심으로 시험이 구성되어 있는 B 학교로 전학가면 수학 성적이 낮아집니다. 따라서 A 학교에서 수학 1등을 하는 아이가 B 학교의 수학 10등을 하는 아이보다 수학을 더 잘한다고 이야기 할 수 없게 되는 것이지요. 이 때문에 모든 학교와 선생님들이 공통적으로 사용할 수 있는 평가의 기준이 필요한 것입니다. 단순히 정답을 맞고 틀리고의 문제가 아니라, 수학 교육에서 추구하는 다양한 수학적 능력을 평가할 수 있는 기준을 사용하여 아이들을 평가할 때 선생님, 아이, 학부모 모두 신뢰할 수 있는 평가 결과를 얻을 수 있을 것입니다.

수학을 못하는 아이는 없다

맺는 말

평가의 핵심은 타당도와 신뢰도를 확보하는 것입니다. 타당도는 평가가 평가하고자하는 아이의 수학 능력을 정확하게 측정할 수 있는지를 나타냅니다. 반면 신뢰도는 수학 개념을 잘 이해한 아이는 높은 점수를 받고, 잘 이해하지 못한 아이는 낮은 점수를 받을 수 있는지를 확인할 수 있는가와 관련되어 있습니다.

학교 현장에서 사용되는 평가 문항들은 타당도와 신뢰도에 대한 논의 없이 개발되기도 합니다. 또한 아이들이 학교 수학 시험을 어렵게 느끼고, 수업에 집중하도록 만들기 위해 의미 없이 어려운 문제들로만 구성되는 경우도 있지요. 단순히 수학 점수로만 아이들의 수학적 능력이 판단되다 보니, 쉬운 문제로 이루어진 수학 시험에서 100점을 받는 아이가 어려운 문제로 구성된 시험에서 50점을 받는 아이보다 수학 능력이 우수하다고 평가받는 일들이 발생하기도 합니다.

수학의 목적은 단순히 문제를 풀어 답을 구하는데 있지 않습니다. 그러나 지금의 평가 방식에서는 그것이 전부라고 오해되기 쉽고 이 때문에 아이들은 수학 수업에 열심히 참여할 필요가 없게 됩니다. 수학 개념의 이해보다 문제 푸는 방법을 많이 암기하여 시험만 잘 보면 되기

PART 4 평가가 바뀌어야 수학 교육이 바뀐다.

때문이지요. 수학 교실에서 수업에 참여하지 않는 아이들이 많아지고, 아이들이 수학 수업을 지겨운 반복 문제풀이 과목이라고 느끼는 중심에는 지금의 평가 체계가 있습니다. 평가가 바뀌어야 교실의 모습도, 아이의 수학을 대하는 태도도 바뀔 수 있습니다. 따라서 학교 수학 교육을 정상화시키기 위해서는 많은 연구와 투자를 통해 타당도와 신뢰도를 갖춘 평가 방법을 개발하는 것이 중요합니다.

수학을 못하는 아이는 없다

글을 마무리하며

　아이들이 수학을 어려워하는 것은 아이들의 문제가 아닙니다. 수학 교육 목표에 대한 고민 부족, 서열화를 위한 수학 평가, 수학의 특성을 고려하지 않은 반복적인 문제풀이 중심의 교육 방법, 아이의 다양한 수학 학습 문제 증상에 대한 도움 부족은 아이들로 하여금 수학을 싫어할 수밖에 없게 만들고 있습니다. 수학 교육 방법과 평가 체제, 교수법에 대한 진지한 반성과 개선 없이는 아이들이 수학을 포기하는 것을 막기 어려울 것입니다.

　이 책에서는 아이들이 수학을 어려워하거나 나아가 포기하는 것을 예방하는 여러 가지 방법 중 수학 선생님의 역할을 꾸준히 강조하였습니다. 수학적 지식이 부족하고 수학을 싫어하는 선생님이 아이들에게 수학을 지도할 경우, 아이가 적절한 수학 교육을 받을 수 없는 것은 자명합니다. 수학 선생님은 수학의 목표와 특성, 아이들의 발달 단계를 고려하여 아이들에게 유의미한 수학 수업을 운영하고, 아이들의 부족한 부분을 보완해주는 수학 교육 전문가가 되어야 합니다. 이 때문에 외국의 많은 국가들은 우수한 수학 교사를 확보하기 위해 다양한 정책들을 시행하고 있답니다. 예를 들어, 유럽의 여러 국가들은 석사 이상의 학

글을 마무리하며

위를 소지한 사람만 선생님이 될 수 있지요. 미국의 오타와 주에서는 수학 교사 평가 결과에 따라 임금을 차등 지급하고 있으며, 일본은 10년마다 이루어지는 교사 평가 결과에서 부적합 판정을 받은 교사를 퇴출시키는 정책을 실시하고 있습니다. 우수한 수학 교사를 확보하는 것은 아이들의 수학 수업의 질(質)을 높일 뿐 아니라, 사교육을 경감시키는 효과도 있습니다.

이 책의 2장에서 살펴보았듯 수학은 그 자체의 학문적 가치 이외에도 인문학과 사회 발달의 중요한 기초를 제공하는 교과입니다. 우리는 수학을 포기할 수밖에 없게 만드는 지금의 수학 교육 방법을 포기해야 합니다. 이 책을 통해 수학 교육에 대한 많은 이야기가 이루어지고, 이러한 논의를 통해 우리 사회가 아이들이 수학의 참된 즐거움과 가치를 깨달을 수 있는 수학 교육의 방향을 세워가기를 기대합니다.

참고문헌

1. Tobias, S. (1980). Math Anxiety: What You Can Do about It. *Today's Education, 69*(3), 26-29.

2. Hembree, R. (1990). The nature, effects, and relief of mathematics anxiety. *Journal for research in mathematics education*, 33-46.

3. 김리나. (2018). 초등학생의 수학 불안 측정도구 개발연구, **초등수학교육**, 21(4), 431-444

4. 김리나, 신항균. (2015). 초등학생의 수학불안 요인 분석 연구, **한국초등교육**, 26(1), 83-101.

5. Cockburn, A. D., & Littler, G. (Eds.). (2008). *Mathematical misconceptions*: A guide for primary teachers. Sage.

6. Radatz, H. (1980). Students' errors in the mathematical learning process: a survey. *For the learning of Mathematics, 1*(1), 16-20.

7. Kirk, S. A., & Kirk, W. D. (1971). *Psycholinguistic learning disabilities: Diagnosis and remediation.*

8. Ise, E., & Schulte-Koerne, G. (2013). Symptoms diagnosis and treatment of dyscalulia. *Zeitschrift fur Kinder-und Jugendpsychiatrie und Psy*

chotherapie, 41(4), 271-80.

9. Kubas, H. A., & Hale, J. B. (2015, September 19). *LDs in Mathematics: Evidence-Based Interventions*, Strategies, and Resources. Retrieved from https://www.ldatschool.ca/evidence-based-interventions-for-math/

10. Skemp, R. R. (1976). Relational understanding and instrumental understanding. *Mathematics teaching, 77*(1), 20-26.

11. Piaget, J. (1964). Part I: Cognitive development in children: Piaget development and learning. *Journal of research in science teaching, 2*(3), 176-186.

12. 김리나. (2016). **초등수학, 어떻게 가르치지?** 경문사

13. Dore, R. (1976). *The Diploma Disease*. Education, Qualification and Development.

14. Rodgers, D. T. (1982). In search of progressivism. R*eviews in American History, 10*(4), 113-132.

15. Lagemann. E. C. (2000). *An Elusive Science: The Troubling History of Educational Research*. Chicago: University of Chicago Press

16. 로이벤 허시. (2003). **도대체 수학이란 무엇인가?** 경문사

17. 김리나. (2008). **십대를 위한 맛있는 수학사** 1. 휴머니스트

18. 권종겸, 이봉주. (2013). 스토리텔링 수학 교수·학습에 대한 초등 현직교사와 예비교사의 인식 분석, **수학교육논문집**, 27(3), 283-299.

19. 정영옥. (2004). RME의 수학 학습 평가틀에 대한 고찰: Jan de Lange의 수학 학습 평가틀을 중심으로., **수학교육학연구**, 14(4), 347-366.

20. Institutes of Matheamtics and Its Application. (2017, September 19). *Category: Mathematics Matters.* Retrieved from https://ima.org.uk/case-studies/mathematics-matters/

21. Engineering and Physical Sciences Research Council. (2012). *Measuring the Economic Benefits of Mathematical Science Research in the UK.* Retrieved from https://www.epsrc.ac.uk/newsevents/pubs/deloitte-measuring-the-economic-benefits-of-mathematical-science-research-in-the-uk/

22. Albert, L. R. and Kim, R. (2015). *Applying CCSSM's definition of understanding to assess students' mathematics* learning. In C Suurtamm and A. R. McDuffie (Eds.), Assessment to enhance teaching and learning, (233-246). NCTM Annual Perspectives in Mathematics Education. Reston, VA: National Council of Teachers of Mathematics.

23. Finnish National Board of Education. (2010). *Education.* Retrieved from http://www.oph.fi/english/education

24. Kupiainen, S., Hautamaki, J., & Karjalainen, T. (2009). *The Finnish education system and PISA.* Finland: Ministry of Education Publications.

25. Gamerman, E. (2008, February 29). *What makes Finnish kids so smart?* The Wall Street Journal, W1.

26. Puchalska, E & Semadeni, Z. (1987). Children's reactions to verbal arithmetical problems with missing, *Surplus or Contradictory Data for the Learning of Mathematics. 7.* (3), 9- 16

27. DeLoache, J. S., Miller, K. F., & Pierroutsakos, S. L. (1998). *Reaso*

ning and problem solving.

28. 김주숙, 박만구. (2015), 사회정의를 위한 수학 수업이 아이들이 수학에 대한 흥미와 가치 인식에 미치는 영향, **한국초등수학교육학회지**, 19(3), 409-434

29. Kim, R., Ablert, L. R., & Sihn, H. G. (2014). *Reading, Writing, and Discussing at the Graduate Level: A Guidebook for International Students*. University Press of America.